[期货投资者教育系列丛书]

棕 榈 油

中国期货业协会　编

中国财政经济出版社

图书在版编目（CIP）数据

棕榈油/中国期货业协会编．—北京：中国财政经济出版社，2010. 11(2023.11 重印)
（期货投资者教育系列丛书）
ISBN 978－7－5095－2589－0

Ⅰ. ①棕…　Ⅱ. ①中…　Ⅲ. ①棕榈油－期货交易－基本知识
Ⅳ. ①F830. 9

中国版本图书馆 CIP 数据核字（2010）第 211995 号

责任编辑：贾延平　　责任校对：王　英
封面设计：陈　瑶　　版式设计：孙俪铭

中国财政经济出版社 出版
URL：http：//www. cfeph. cn
E－mail：cfeph @ cfeph. cn

社址：北京市海淀区阜成路甲 28 号　邮政编码：100142
发行处电话：010-88191537　财经书店电话：64033436
北京财经印刷厂印刷　各地新华书店经销
787×1092 毫米　16 开　14 印张　210 000 字
2010 年 11 月第 1 版　2023 年 11 月北京第 6 次印刷
定价：30. 00 元
ISBN 978－7－5095－2589－0/F · 2203
（图书出现印装问题，本社负责调换）
本社质量投诉电话：010－88190744
打击盗版举报热线：010-88191661，QQ:2242791300

期货投资者教育系列丛书编委会

总序言

近年来，在党中央国务院的正确领导下，随着《国务院关于推进资本市场改革开放和稳定发展的若干意见》的深入贯彻落实，我国期货市场取得了稳步较快发展的良好局面。但是由于当前我国期货市场“新兴加转轨”的特征依然突出，市场制度和结构仍存在缺陷，风险防范和化解的自我调节机制尚未完全形成，市场主体发育不成熟，我国期货市场的整体波动和投机性仍较强，这些都对期货市场的改革发展提出了新的挑战。

与此同时，在新的市场环境和对外开放的条件下，随着我国期货市场规模的不断发展壮大，国内市场与国际市场的联系日趋紧密，影响期货市场运行的外部因素也更为多样化和复杂化，由美国次级债危机引发的国际金融市场动荡不安，国内外商品市场价格频繁而剧烈的波动，都增加了期货市场风险控制和日常监管的难度，给我国期货市场的稳定、健康的运行带来了新的挑战。

在这样一个新的形势下，期货市场的持续活跃和规范运作吸引了许多新的市场参与者，期货市场的开户数快速增长，特别是新入市的个人投资者比重较大且呈持续上升趋势。大宗商品和资产价格的频繁剧烈波动也使越来越多的企业开始意识到利用期货市场进行风险管理的重要性。但是由于对期货市场的交易特点和运行机制缺乏详细了解，同时风险意识淡薄，受期货高杠杆、高回报的诱惑，而忽视了期货的高风险特征，导致了非理性投资行为上升，产生了不必要的损失。投资者是期货市场的重要主体，期货市场的发展离不开投资者的积极参与，特别是成熟投资者的参与。因此，在当前我国期货市场的快速发展时期，做好投资者教育工作更加意义深远。

做好投资者教育工作，既是保护投资者合法权益，促进期货市场稳步发展的客观需要，也是加强我国期货市场建设、促进市场稳定运行的关键环节。持续不断地开展行之有效的投资者教育活动，使投资者了解期货高杠杆、高风险的特点，了解期货市场的产品及交易规则，减少投资者的盲目性，特别是牢固树立“买者自负”的风险意识，从而理性的参与期货交易，增强投资者的自我保护能力，才是对投资者最好、最有效的保护。同时，通过投资者教育，有助于投资者客观、正确地认识和参与期货市场，可以进一步促进培育诚实守信、理性健康的市场文化，促进期货市场功能的有效发挥和市场的平稳有序运行。期货市场的投资者教育工作任重而道远，是一项长期的、系统性的工程，需要持之以恒地开展下去。

近年来，围绕投资者教育工作，期货市场的监管部门、自律组织与中介机构都深入进行了形式多样、内容丰富和卓有成效的大量工作。由中国期货业协会组织编写的这一套《期货投资者教育系列丛书》就是协会按照中国证监会的统一部署，贯彻落实期货投资者教育工作的重要措施之一。该丛书作为期货市场第一套系统介绍我国上市期货品种的投资者教育普及读物和中国期货业协会期货投资者远程教育学院课程的基础性教材，以广大普通投资者为服务对象，兼顾了现货企业等专业机构的需求。本套丛书在体例上采取简单明了的问答体例，在语言上深入浅出，通俗易懂，可读性强。在内容上，丛书以“风险教育”为主线，不仅对国内上市的期货品种基本知识和交易规则进行了详细的介绍，更从期货品种相关的现货生产、加工、贸易和消费等产业链的各个环节对该产品的特性进行了系统的介绍，从而使得投资者能够得到更加全面、深刻的理解。同时，丛书还选取了大量包括套期保值、套利交易等典型实务操作案例，作为投资者了解和学习该产品的辅助材料，充分体现了丛书的实用性和可操作性特点。衷心地希望本丛书的出版能够为期货投资者了解期货市场，树立风险意识，理性参与交易提供有益的帮助。

姜　洋

2010年3月

目　录

第一章 解读棕榈油合约

【本章要点】

尽管“期货不是货”，而只是“一纸合约”，但作为期货市场的投资者，对自身拟投资的商品进行大致了解是十分必要的。本章从棕榈油的生产、历史追溯入手，引导投资者认知全球的主要棕榈油期货市场，并对期货交易的棕榈油标的物，尤其是对投资者拟交易的大连商品交易所期货合约各要素做了更进一步的详细解读，对其合约的特点及相关交易规则做了细致的分析，以便于投资者尽快了解这一品种，认知这一合约，方便投资交易。

一、你对棕榈油了解多少？

棕榈油是主要的食用植物油脂之一，由油棕果榨取得到。油棕树是一种四季开花结果及长年都有收成的热带农作物，油棕果生长在油棕树的大果串上，每个果串大约有油棕果2000多个。油棕树是世界上生产效率最高的产油植物，通常2～3年开始结果，8～15年进入旺产期，到18～20年后开始老化，产量降低，这个时候通常需要砍掉重植，其商业性生产最长可达25年。

作为天然食品，棕榈油的使用已超过5000年的历史。1870年，油棕树作为一种装饰物从西非传入马来西亚，直到1917年才进行第一次商业种植。20世纪60年代，马来西亚为了减少对橡胶和咖啡贸易的依赖，开始大规模提高棕榈油的产量。目前，全球棕榈油产量主要集中在印度尼西亚和马来西亚等国，东南亚、南美洲、非洲等很多国家也开始广泛种植油棕树，棕榈油产量逐年增长。

二、我国并不生产棕榈油，为何棕榈油能在我国作为期货品种上市？

我国的确不生产棕榈油，国内所需棕榈油完全依赖进口，对以上问题，投资者可从以下几个方面加以理解：

首先，期货市场是一种开放化、国际化的金融工具，既然产生于欧美的期货市场能通过“拿来主义”为我所用，那么，仅仅是商品生产地在外、在国内拥有大量需求的棕榈油在我国期货市场上市并不奇怪。在国际期货市场中，此类产地在外、异地上市却运作大为成功的先例并不少见。如：日本并不生产橡胶，但日本东京期货交易所的橡胶期货交易红红火火；日经指数本是日本股票市场价格水平的代表，却成功运作于新加坡期货市场。棕榈油期货是我国期货市场上市的第一个纯进口品种，标志着中国期货市场的上市品种越来越开放和国际化，将具有广阔的发展前景。

其次，棕榈油符合作为期货品种上市的条件。据德国《油世界》统计，从2005年起，棕榈油超越豆油成为全球第一大植物油脂，目前当仁不让地是全球产量最大、需求量最大、贸易量最大的植物油脂。受其产地高度集中（主要集中于印度尼西亚、马来西亚等东南亚国家），消费需求散布全球各地的贸易格局及越来越多的其他因素影响，棕榈油价格波动幅度很大。而在长期的国际贸易中，对棕榈油质量的认定已形成近乎全球通行的标准，针对精炼棕榈油不易久存的特点，大连商品交易所对于其交割流程亦做了相应修订与完善。总之，棕榈油作为全球第一大植物油脂，符合“易分级、耐储存、数量大、价不稳”的期货商品上市条件。需提醒投资者注意的是：对于期货商品必须是“大量生产”的理解，投资者应放眼全球而不应仅局限于国内。

最后，大连商品交易所在合约设计、交割规定等方面均对棕榈油合约做了既合乎国际惯例又符合中国国情的约定，因而从2007年10月29日棕榈油合约上市以后，棕榈油期货即得到市场的普遍认可，成交量不断增加，截至2009年12月，棕榈油期货累计成交量10213.6302万手，累计成交额达到6.453866万亿元。从日均成交情况来看，2007年10月日均仅成交1.3万余手，经过了近两年多的培育期，成交量迅速增长，到2009年12月日均成交达53.32687万手，较2007年10月增长了41倍，市场规模增长迅速、流动性良好，展现了这一品种广阔的市场前景。

全球棕榈油期货的历史及现状是怎么样的

从全球来看，棕榈油期货上市时间较长，是相对成熟的期货品种。目前，国际上共有四个国家的交易所上市了棕榈油期货，分别为马来西亚大马交易所（BMD）、印度多种商品交易所、亚洲联合衍生品交易所（JADE）、大连商品交易所（DCE）。

首先，马来西亚是世界两大棕榈油主产地之一，大量棕榈油出口到世界各地，良好的现货基础为马来西亚大马交易所开展棕榈油期货交易创造了比较好的市场条件。因此，早在1980年7月，大马交易所在全球率先推出了毛棕榈油原料产品期货。目前，在国际植物油期货市场上，大马交易所具有相当大的国际影响力，期货价格已成为国际棕榈油贸易的定价基准。其次，印度一直是世界植物油进口大国。从2006年3月开始，大马交易所与印度多种商品交易所就毛棕榈油问题频繁交流，大马交易所授权印度多种商品交易所使用毛棕榈油结算价格。印度多种商品交易所在2006年推出以本国货币结算的毛棕榈油期货合约，但成交情况不甚理想。此外，亚洲联合衍生品交易所（JADE）由芝加哥期货交易所（CBOT）与新加坡交易所（SGX）在2006年5月联合创建，成立以来一直酝酿上市棕榈油期货，2007年6月已推出以美元为报价单位的毛棕榈油合约。最后，作为后起之秀，大连商品交易所（以下简称大商所）于2007年10月29日上市交易棕榈油期货合约，这与大商所2006年1月9日挂牌交易的豆油期货和郑州商品交易所（以下简称郑商所）2007年6月8日挂牌交易的菜籽油期货，形成了完善的国内油脂期货市场。棕榈油期货价格影响因素众多，价格波动大，日内波动频繁，交易成本

适中，又有国际油脂市场领头品种的特殊身份，蕴含着众多的投资和套利机会，有利于投资者丰富投资组合，是一个极好的投资品种。

三、大连商品交易所棕榈油期货是什么样子?

众所周知，期货就是未来一个时间点标的物的价格。在期货市场，期货交易是以期货合约为交易标的物的，期货合约则是由交易所统一制定的、规定在将来某一特定的时间和地点交割一定数量和质量商品的标准化合约。而棕榈油期货指的是棕榈油的标准化合约。那么，作为一份期货合约，其含有的标准化要素有哪些？下面我们有必要请出本书的主角——大连商品交易所棕榈油合约（见表1－1），并以其为例，对其所含有的标准化要素逐一进行解读。

表1－1　大连商品交易所棕榈油期货合约

交易品种	棕榈油
交易单位	10吨/手
报价单位	元（人民币）/吨
最小变动价位	2元/吨
涨跌停板幅度	上一交易日结算价的4%
合约月份	1，2，3，4，5，6，7，8，9，10，11，12月
交易时间	每周一至周五上午9：00～11：30，下午13：30～15：00
最后交易日	合约月份第10个交易日
最后交割日	最后交易日后第2个交易日
交割等级	大连商品交易所棕榈油交割质量标准
交割地点	大连商品交易所棕榈油指定交割仓库
最低交易保证金	合约价值的5%
交易手续费	不超过6元/手
交割方式	实物交割
交易代码	P
上市交易所	大连商品交易所

一般而言，一份标准化期货合约至少含有如下10项标准化要素：

1. 商品名称或交易品种：这是一种合约区别于其他合约的标志，同时清楚地表明合约所代表的商品，如表1－1中的“棕榈油”。

2. 交易单位：交易单位指每手合约所代表的该种商品的数量，表1－1中的“10吨”意味着投资者进行交易的数量必须是该数量的整数倍。

3. 报价单位与最小变动价位：表1－1中的“元（人民币）/吨”与“2元/吨”，表明该品种是以人民币报价而非美元、马来西亚林吉特或其他货币，且每次报价的最小变动幅度必须是高于或低于上一价位的2元/吨的整数倍。

4. 涨跌停板幅度：涨跌停板幅度也称作每日价格最大波动限制，表1－1中的“上一交易日结算价的4%”，意味着每一交易日该品种的最大波动幅度不会高于或低于前一交易日的4%。

5. 合约月份与交易时间：表1－1中“1，2，3，4，5，6，7，8，9，10，11，12月”与“每周一至周五上午9:00～11:30，下午13:30～15:00”，清楚地表明了该合约交割月份与交易时间的规定。

6. 最后交易日与最后交割日：表1－1中“合约月份第10个交易日”与“最后交易日后第2个交易日”，对交易者结束交易与准备交割的时间作出明确警示与提醒。

7. 交割方式与交割等级：表1－1中“实物交割”的提示表明交易者如持有合约到期只能通过实物交收而不能通过其他方式（如现金找补差价）了结期货责任，如投资者无交割意愿与能力，应于最后交易日之前对冲平仓了结履约责任。而关于交割等级为“大连商品交易所棕榈油交割质量标准”的提示则提醒投资者对交割商品质量品级的规定做进一步细致的了解（见本书附录1所示）。

8. 交割地点：表1－1中“大连商品交易所棕榈油指定交割仓库”则督促投资者进一步了解其定点交割仓库情况。到目前为止，棕榈油的定点交割仓库和仓库共计19处，其与广州基准交割地的升贴水标准见本书附录2所示。

9. 交易保证金与手续费：了解此项内容，便于投资者安排资金使用计划，计算交易成本。

10. 其他标准化事项：其他标准化事项包括该品种上市的交易所以及合约交易代码等。

我们对上述合约的解读当然并不能使投资者全面认识棕榈油，更不能保证投资者在日后的投资交易中长胜不败，我们进行以上解读的目的旨在为投资者打开一扇认识期货市场、了解棕榈油期货的窗子，让投资者初步认识、了解棕榈油这一我国期货市场上的新品种。

大马交易所毛棕榈油期货合约

表 1－2　　大马交易所毛棕榈油期货合约

交易品种	毛棕榈油
交易单位	25 吨/手
报价单位	RM（林吉特）
最小变动价位	1RM/吨
涨跌停板幅度	上一交易日结算价的 10%（现货月除外）
合约月份	现货月及后续的连续 5 个月，此后为奇数月份直至远期的 24 个月
交易时间	每周一至周五上午 10：30～12：30，下午 15：00～18：00
最后交易日	合约月份的 15 日中午 12：00，若 15 日为非交易日，则提前到前一交易日
交易手续费	2 RM/手
交易保证金	4300 RM/手
招标时期	合约月份的第一至第二十天，若该日为非营业日，则提到前一个营业日
交割地点	大马交易所指定的交割地点
交易代码	FCPO
上市交易所	大马交易所

注：2007 年 4 月 2 日，大马交易所毛棕榈油交易手续费由 3RM/手调整到 2RM/手。其中，一般交易手续费和自营商交易手续费均为 2RM/手，做市商不收取手续费。

从大马交易所毛棕榈油期货来看，一是合约大，每手合约为 25 吨，二是采用毛棕榈油作为期货交易标的物，适应了马来西亚作为棕榈油主产国和主要加工国的现货特点。

四、为什么将棕榈油期货合约月份设置为全年连续12个月？

棕榈油熔点较高，低温下容易凝固，各月份进口量及消费量有些差距，呈现出一定的季节性，但并不是十分明显。同时，考虑到油棕树为热带植物，油棕果全年连续收获，棕榈油的生产也连续进行，棕榈油供应月际之间基本均衡，因此，大连商品交易所将棕榈油期货合约的交割月份设置为全年连续12个月，为投资者提供了更多的交割月份选择。

五、为什么棕榈油期货合约交易单位为10吨/手？

每一份期货合约对交易单位都有明确的规定，合约的规模必须要适中。一方面，如果合约规模过大，在现货市场上持有小额头寸的投资者就无法利用期货市场来进行保值，小额投机者也无法参与交易。另一方面，由于交易成本是与交易的合约密切相关的，如果合约规模过小，则交易成本就会很高。

近几年，在植物油体系中，棕榈油的产量、贸易量和消费量均处于龙头地位，为更好地体现国内市场的实际运行特点，吸引客户参与，并与大马交易所（BMD）毛棕榈油期货的25吨/手有所区别，大连商品交易所将棕榈油期货的交易单位设定为10吨/手，即与豆油期货的交易单位相同，这与菜籽油期货5吨/手的规定有所不同。

六、为什么将24度精炼棕榈油设定为棕榈油期货的交割标的？

油棕果经过榨取，可得到毛棕榈油。毛棕榈油经过精炼，去除游离脂肪酸、天然色素等后，可得到精炼棕榈油。对精炼棕榈油进行分提，可以得到24度、33度等不同熔点的棕榈油。所谓的24度棕榈油，简单理解就是温度在24度以下时，棕榈油就会凝结。因此，在华南地区，由于气温常年较高，可以直接将24度精炼棕榈油用于餐饮，北方地区受温度影响，对于棕榈油的消费会表现出一定的季节性。这种情况目前已经有所改变，24度棕榈油进一步分提，可以得到18度、14度、12度、8度甚至更低熔点的棕榈油，这样即使在北方温度比较低的时候，也可直接食用，季节性消费特点已经开始模糊，消费的区域也越来越大。因此，24度精炼棕榈油，不只是南方地区消费的植物油，其消费领域已经面向全国。与豆油和菜籽油相比，棕榈油在国内市场的消费分布更广，覆盖范围更大。

尽管我国消费的棕榈油全部依靠进口，但是从近年棕榈油进口情况来看，总量稳定上升，24度棕榈油占主流，占总进口量的60%～70%，流通规模优势明显，占比也非常稳定。产生这种情况的原因是：毛棕榈油属于原料，24度棕榈油是精炼产品，原料加工成产品，中间存在加工利润。主产国之一的马来西亚为了将加工利润留在国内，在贸易政策上倾向于控制毛棕榈油出口，而支持产成品24度棕榈油出口；印度尼西亚也可能出现类似的贸易政策趋势。因此，24度棕榈油作为交割质量标准，一方面能够反映贸易流通的现状，另一方面也能够保证期货市场稳定的运行，尽可能少受原产国贸易政策的影响。根据以上这些情况，大商所棕榈油交割质量标准规定交易标的为24度精炼棕榈油。

七、与其他商品期货相比较，棕榈油期货的仓单注销制度有什么特别之处？

商品期货产生之后的相当一段时间内，耐储藏性都是商品能否开展期货交易的必要条件之一，这种情况直到20世纪60年代才有所改变。当时，美国芝加哥商业交易所先后推出了活牛和生猪期货，打破了开展期货交易商品必须耐储藏的限制。

目前，国内的商品期货品种中，棕榈油的储存性能不好。棕榈油储存期间，酸值、过氧化值、色泽三个主要质量指标都会产生一定程度的变化。根据这一商品特性及相关指标的变化情况，大商所在开发该品种时，对仓单注销制度进行了创新，规定棕榈油仓单当月注销，使得棕榈油实际在库时间约为20～30日，并对上述三个指标分别设计了入库、出库标准，以保证棕榈油出库时易变化的指标也能符合国标要求。其中，三个指标的具体入库、出库标准设置如下。酸值：入库≤0.18（mgKOH/g），出库≤0.20（mgKOH/g）；过氧化值：入库≤5（meq/kg），出库≤10（meq/kg）；色泽：入库黄色≤30、红色≤3.0，出库黄色≤35，红色≤3.5。

八、作为唯一一个纯进口期货品种，棕榈油期货自上市以来运行情况怎样？

（一）交易增长迅速，流动性良好

自2007年10月29日上市以来，棕榈油期货成交量不断增加，截至2009年12月，棕榈油期货累计成交量10213.6302万手，累计成交额达到6.453866万亿元。从日均成交情况来看，2007年10月日均仅成交1.3万余手，经过了近两年多的培育期，成交量迅速增长，到2009年12月日均成交达53.32687万手，较2007年10月增长了41倍，市场规模增长迅速，流动性良好，展现了这一品种广阔的市场前景。

（二）参与客户日益广泛

2007年棕榈油期货上市之初，参与棕榈油期货交易的客户总数仅为1618个，其中，单位客户46个，个人客户1572个。此后，棕榈油期货市场的发展吸引了各类投资者的进入。到2009年3月，当月有28966个客户参与交易棕榈油期货合约，是2007年11月的18倍。

（三）持仓不断放大，市场基础稳定

棕榈油期货上市以来，持仓水平稳步提升，从上市之初的不足2000手增加到目前的14万手左右。2007年11月棕榈油期货日均持仓量为0.4万手，经过近一年的培育，棕榈油期货的持仓稳步增长，到2009年3月，日均持仓量达11.7万手。持仓水平的稳步提升意味着棕榈油期货市场已吸引了一批稳定的客户和资金，发展基础扎实。

（四）期货价格与现货价格相关度强

棕榈油期货盘面价格反映的是交割基准地广东地区的24度棕榈油现货价格。棕榈油期货上市以来，期货价格一直与广东黄埔港的现货棕榈油价格走势密切相关。

为了进一步证明两者的相关性，通过 SPSS 软件，投资者可以计算从2007年上市初以来二者的相关性系数。上市初二者相关性系数只有0.59，而到2009年10月，相关系数已经高达0.993（见图1－1）。

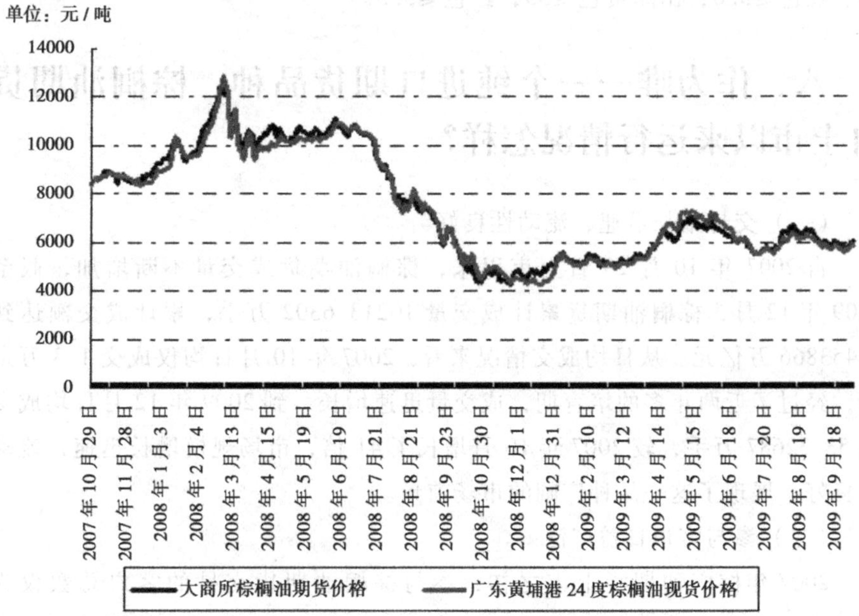

图1－1　2007年10月至2009年10月期现货价格走势

数据来源：文化财经、鲁证期货研究所。

（五）套利交易成为亮点

由于棕榈油与豆油、菜籽油在走势上基本吻合、相关度高，并且同属植物油具有很好的替代性，套利交易成为棕榈油交易的一大亮点。不论是跨期套利，还是跨品种套利交易，交易规模的绝对值和相对值均增加较快。其中，2009年棕榈油套利交易总量为75.2941万手，较2008年的57.5348万手增加17.7593万手。尤其在跨品种套利方面，棕榈油套利量占大商所套利交易总量的比重不断增加，2009年更是高达87.71%。此外，大商所棕榈油期货与BMD毛棕榈油期货、CBOT豆油期货之间的跨市场套利也正在被投资者所关注。有关棕榈油套利投资机会的介绍详见本书第九章。

九、参与棕榈油期货，你准备好了吗?

古人云："凡事预则立，不预则废"、"不打无准备之仗"，同样，参与棕榈油期货交易之前也要做好准备，制订好交易计划。

（一）资金方面的准备

与经营生意一样，从事期货交易之前，投资者首先要做好资金方面的准备。在投资规模上首先要确定不占用自己以及家人的生活费用、保险、必要的储蓄和养老金等，只有在满足了这些基本的需求之后剩余的资金才可以用于期货投资。而对于现货企业而言，更多的则从企业财务收支状况及自身经营计划、库存面临风险点考虑入市参与棕榈油期货交易。

（二）知识方面的准备

学习棕榈油期货合约的有关知识，熟悉期货交易的基本制度，了解有关棕榈油现货的一些基本知识，学习如何分析和预测棕榈油价格走势等，尽可能了解这个市场。市场如战场，只有知己知彼，才能百战不殆。对于上述知识的准备，本书后面章节将有详细阐述。

（三）心理方面的准备

期货投机交易是一项高风险、高收益的交易，进入这个市场前，不仅仅想着盈利，也要做好亏损的准备，做好止损计划，这样才能保证出现亏损时沉着冷静，将亏损降低到最小。

（四）足够的风险防范意识

除了在资金、知识及心理方面准备充分之外，投资者还必须具备足够的风险防范意识。这里的风险防范意识不仅仅指交易中的止损、止盈，更多的则是指投资者是否已经充分意识到棕榈油期货的风险。一般来说，参与棕榈油期货的主要风险有以下四种。

1. 市场风险。棕榈油期货属于大宗商品期货大家庭中的一员，自身所处的期货市场，可以说是错综复杂。而对于国内唯一一个完全进口的期货品种，更容易受到 CBOT 豆油期货市场、BMD 毛棕榈油期货市场、国际原油、美元等走势所左右。因此，棕榈油期货会因各种因素而产生波动，从而导致收益水平发生变化，可能造成投资亏损。

2. 管理风险。在参与棕榈油期货过程中，投资者所具备的对期现货知识的了解程度、投资经验的多少、行情判断准确与否、投资决策正确与否、交易技巧掌握程度及管理技术娴熟程度等一系列因素，会影响到棕榈油期货的投资收益水平。

3. 流动性风险。尽管棕榈油期货有 12 个合约，但鉴于各个合约自上市实际运行情况来看，1 月、5 月、9 月三个合约比较活跃，流动性较好。为避免流动性风险，建议投资者尽量参与相应时间段内的主力合约进行交易。

4. 棕榈油期货本身的风险。不同期货品种风险不一样，如受到国家托市及调控政策影响较大的早籼稻期货、小麦期货、玉米期货要比棕榈油期货的风险小。棕榈油期货之所以波动频繁，与自身受到的影响因素众多及可供炒作的题材多有着必然的关系。

自 测 题

一、选择题

1. (　　)，油棕树从西非作为一种装饰物传入马来西亚，直到 1917 年才进行第一次商业种植。

A. 1800 年　　B. 1870 年

C. 1900 年　　D. 1860 年

2. 目前，我国大连商品交易所棕榈油期货合约的最小变动价位是(　　)。

A. 1 元/吨　　B. 2 元/吨

C. 5 元/吨　　D. 10 元/吨

3. 目前，全球有(　　)主要棕榈油期货市场。

A. 马来西亚大马交易所　　B. 印度多种商品交易所

C. 亚洲联合衍生品交易所　　D. 大连商品交易所

4. 大连商品交易所交易的棕榈油品种是(　　)。

A. 毛棕榈油　　B. 毛棕榈仁油

C. 24 度精炼棕榈油　　D. 33 度精炼棕榈油

5. 2009 年 11 月 5 日，某客户在大连商品交易所开仓买入棕榈油期货合约10手，成交价为6100元/吨，当日结算价格为6136元/吨，交易保证金比例为10%，则该客户当天须缴纳的保证金为(　　)。

A. 61360元　　B. 61000元

C. 81000元　　D. 81360元

6. 参与棕榈油期货需要做(　　)准备。

A. 资金　　B. 知识

C. 心理　　D. 足够的风险意识

二、判断题

1. 精炼棕榈油在液态下接近于无色透明，在固态下近白色。根据不同的需求，经过分提，可以得到24度、33度、44度等不同熔点的棕榈油。(　　)

2. 大马交易所在全球率先推出了毛棕榈油原料产品期货。(　　)

3. 由于棕榈油不耐储存，大连商品交易所采取了隔月注销仓单的管理方式。(　　)

4. 大商所棕榈油期货合约的交割月份为1、3、5、7、8、9、11、12月。(　　)

参考答案

一、选择题

1. B　2. B　3. ABCD　4. C　5. A　6. ABCD

二、判断题

1. √　2. √　3. ×　4. ×

第二章 棕榈油的生产与供应

【本章要点】

打开任何一种商品的期货价格图表，我们总可以看到商品价格的起伏不定，且有时的波动是相当剧烈的。在这价格剧烈的波动背后，商品生产与供应状况的变化毫无疑问是其最根本、最直接的影响因素。对于棕榈油期货的投资者来说，了解全球棕榈油生产与供应变化有助于投资者掌握这一品种行情变化的总体趋势，便于投资者作出正确的投资决策。本章对棕榈油的种植区分布、生产、出口等进行了较为详尽的描述。

一、油棕树种植区是如何分布的？

根据联合国粮农组织统计，世界油棕树种植面积主要集中于亚洲（东南亚）和西非地区，2005 年这两个地区占世界油棕树种植面积的比重为 92%，其中尤以亚洲地区为主，该地区占世界油棕树种植面积的比重达

60%。1961~1983 年世界油棕树种植面积基本稳定，略有增长；1983 年以后，世界油棕树种植面积呈直线上升趋势，截至 2005 年，油棕树种植面积已经达到历史最高峰 1260 万公顷。与 1983 年相比，世界油棕树种植面积增幅达 2 倍。世界油棕树种植面积的扩大与 1973 年和 1979 年发生的两次石油危机所导致的世界原材料价格上涨有很大关联性。

目前，世界油棕树种植面积居世界前四位的国家分别是马来西亚、印度尼西亚、尼日利亚、泰国，其中马来西亚、印度尼西亚和泰国占世界油棕树种植面积的 60%。世界油棕树种植一直到 1994 年都是以西非地区占据主导地位，1994 年以后亚洲地区的油棕树种植面积超过西非，其中马来西亚和印度尼西亚的种植规模出现了迅速扩张。1960 年，马来西亚油棕树总种植面积为 5.5 万公顷，之后，为了克服本国经济对橡胶和锡产业的依赖，政府大力发展农业多样化，油棕榈行业得到飞速发展，总种植面积呈现大幅度增长。马来西亚的油棕树种植面积的扩张起始于 1960 年至 1980 年，特别是第一次世界石油危机之后，其种植面积基本呈直线上升趋势。1980 年，马来西亚总种植面积达到 100 万公顷，2008 年更是达到 450 万公顷。目前，马来西亚正面临可供种植油棕树土地稀缺及单产提高有限的问题，其产量仅维持稳定增产态势。印度尼西亚和马来西亚拥有同样的土壤和气候条件，因此，除了种植椰子树、橡胶和可可，印度尼西亚也可以种植油棕树。印度尼西亚 1911 年在其东海岸的苏门答腊岛开始商业油棕种植。印度尼西亚的油棕树种植面积扩大始于 20 世纪 80 年代中期。1985 年以后，印度尼西亚的油棕树种植面积扶摇直上；2000 年印度尼西亚的油棕树种植面积已经达到 560 万公顷，而且从 20 世纪 90 年代以来印度尼西亚种植面积的扩大速度远远超过马来西亚。印度尼西亚潜在的可用于种植油棕树的土地面积约为 2600 万公顷，未来印度尼西亚棕榈油产量将呈现快速增长态势。尼日利亚的油棕树种植面积一直到 2000 年都位居世界首位，但其位置在 2001 年被马来西亚所取代，2005 年其第二位的位置又被印度尼西亚所取代。20 世纪 60 年代以来，尼日利亚油棕树种植经历了减少之后又扩大的局面：从 1961 年的 270 万公顷跌落到 1983 年的 190 万公顷后，又迅速扩张，截至 2005 年，其种植规模已经达到 332 万公顷。进入 20 世纪 90 年代后，泰国油棕树种植面积呈扩张态势，但其规模还远小于上述三个国家。

【案例 2－1 ——主产国发生地震对棕榈油价格的影响】

2010 年4 月8 日，印度尼西亚发生7.8 级地震引发市场对棕榈油运输与生产担忧提振下，资金做多大商所棕榈油期货热情高涨，主力1009 合约更是冲破7000 元/吨整数关。相应现货市场看涨人气骤升，主要港口地区24 度棕榈油较4 月7 日普遍上调50～100 元/吨，报价集中于6850～6950 元/吨之间。在这种情况下，许多投资者未经过冷静思考，就马上选择追涨做多，殊不知本次印度尼西亚苏门答腊岛发生的地震，并未使得 Belawan 港和 Dumai 港受到较大破坏，这两个港口才是棕榈油和橡胶等商品的主要装船地点。经过短时间市场炒作之后，在国内股市走弱、东南亚产区的持续降雨将有利于改善土壤墒情，从而提振棕榈油的产量及港口需求低迷等利空因素打压下，期价出现冲高回落，地震因素炒作随即宣告结束。

油棕树历史追溯

油棕树是食用油的丰富来源，从油棕树果实中得到的油在所有油料作物中产量最高。油棕果可被加工出两种不同的油，果肉可提炼出棕榈油，从果仁中可获得棕仁油。每个油棕果中可得到 9 份棕榈油和 1 份棕仁油。油棕树原产地在西非的几内亚。公元 15 世纪后沿着赤道地带被介绍到其他非洲地区、东南亚及拉丁美洲。1870 年油棕树传入马来西亚时，只是作为一种装饰植物，直到 1917 年才进行第一次的商业种植。现在经过改良后的油棕产品已经广泛在热带地区的非洲、拉丁美洲和东南亚种植。

二、全球棕榈油产量变化有何特征？

自1997 年开始，全球棕榈油产量持续快速增加，占全球9 种主要植物油产量的比重也逐年提高（见图2－1）。主要原因在于，不断增加的植物油食用和工业消费量刺激了各棕榈油主产国，各国政府纷纷出台政策，大力扶持本国棕榈油产业，使得油棕树种植面积连续扩大。

1997/1998 年度全球棕榈油产量为1697 万吨，至1999/2000 年度全球棕榈油产量首次突破2000 万吨，达到2182 万吨，至2003/2004 年度全球棕榈油产量达到3000 万吨。2004/2005 年度全球棕榈油产量首次超过豆油产量，

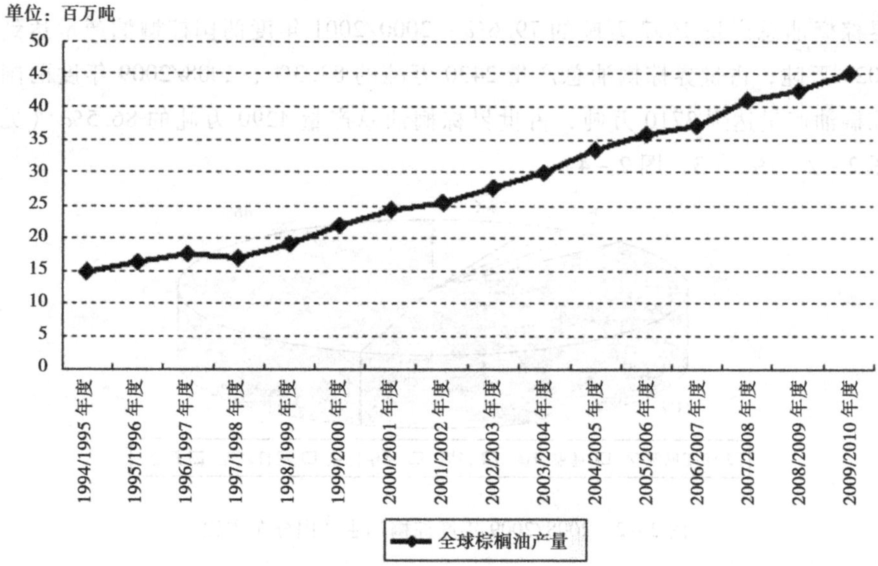

图 2－1　全球棕榈油产量变化趋势

数据来源：美国农业部。

成为全球产量最大的植物油品种，产量达到 3353 万吨，较全球豆油产量 3260 万吨高出 93 万吨，占全球 9 种主要植物油产量的比重提高到 30.1%。2007/2008 年度全球棕榈油产量超过 4000 万吨，达到 4131 万吨，2008/2009 年度产量达到 4240 万吨。在所有植物油品种中，棕榈油产量近十年的增长最为显著。

三、棕榈油主产国的产量情况是怎样的？

在所有植物油中，棕榈油的生产最为集中。马来西亚和印度尼西亚属于热带雨林气候或热带季风气候，全年高温，雨水丰沛，适于规模化种植油棕树，而全球大多数国家都不适宜油棕树的种植和生长，因此，马来西亚和印度尼西亚成为棕榈油的主要生产国。自 1997 年以来，马来西亚和印度尼西亚棕榈油产量持续快速增长，两国棕榈油产量占世界总产量的比重稳定增加，两国的棕榈油生产情况基本上就决定了世界棕榈油的供给情况。

20 世纪 70 年代初，马来西亚和印度尼西亚棕榈油产量占世界总产量的比重开始超过 50%。1997/1998 年度，两国棕榈油产量为 1351 万吨，占世界棕榈油总产量 1697 万吨的 79.6%；2000/2001 年度两国棕榈油产量达到 2024 万吨，占世界棕榈油总产量 2430 万吨的 83.3%；2008/2009 年度两国棕榈油产量达到 3710 万吨，占世界棕榈油总产量 4290 万吨的 86.5%（见图 2－2、图 2－3、图 2－4）。

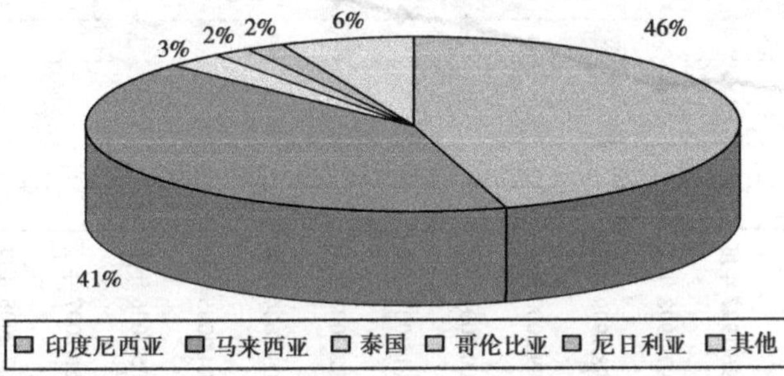

图 2－2　2008/2009 年度棕榈油主产国分布占比

数据来源：美国农业部。

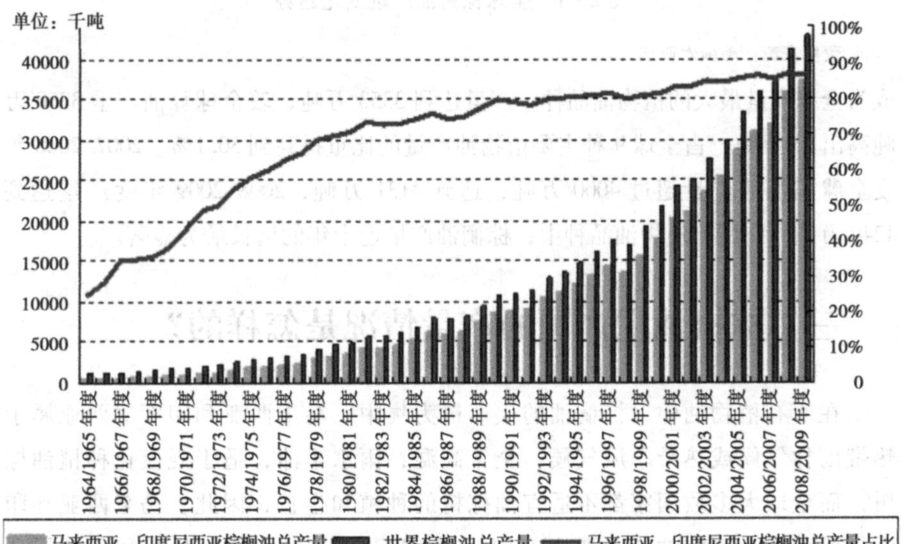

图 2－3　印度尼西亚与马来西亚棕榈油总产量变化趋势

数据来源：美国农业部。

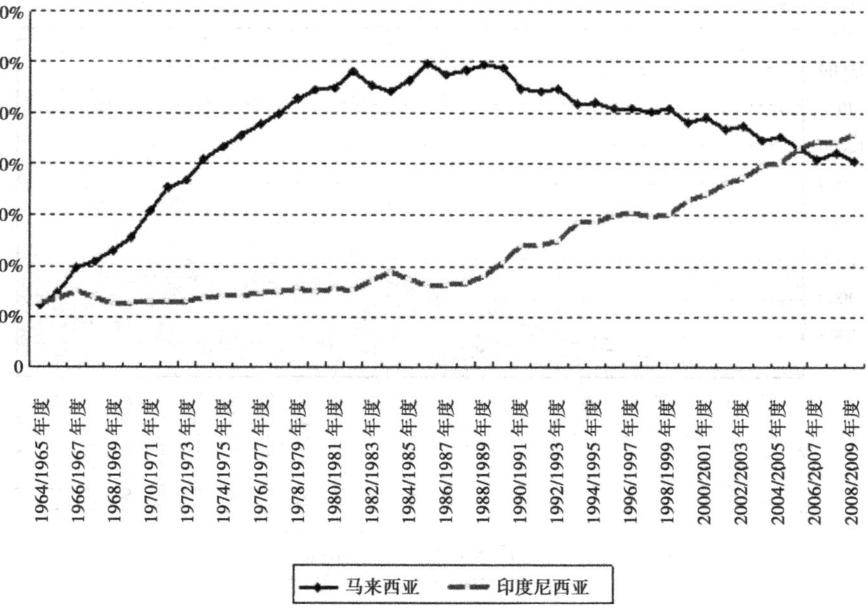

图 2－4　印度尼西亚与马来西亚两国棕榈油产量占世界产量比例

数据来源：美国农业部。

(一) 马来西亚棕榈油产量稳步增加

马来西亚自 20 世纪 60 年代开始种植油棕树，1973/1974 年度首次超过 100 万吨，达到 105 万吨；1988/1989 年度马来西亚棕榈油产量超过 500 万吨，达到 564 万吨，1999/2000 年度首次超过 1000 万吨，达到 1050 万吨；2004/2005 年度马来西亚棕榈油产量超过 1500 万吨，达到 1520 万吨。2008/2009 年度马来西亚棕榈油产量达到 1740 万吨（见图 2－5）。

2005/2006 年度之前，马来西亚一直是世界最大的棕榈油生产国，但由于马来西亚适于油棕树生长的农业耕地越来越少，全球棕榈油产量的增长目前已经转移到了印度尼西亚。

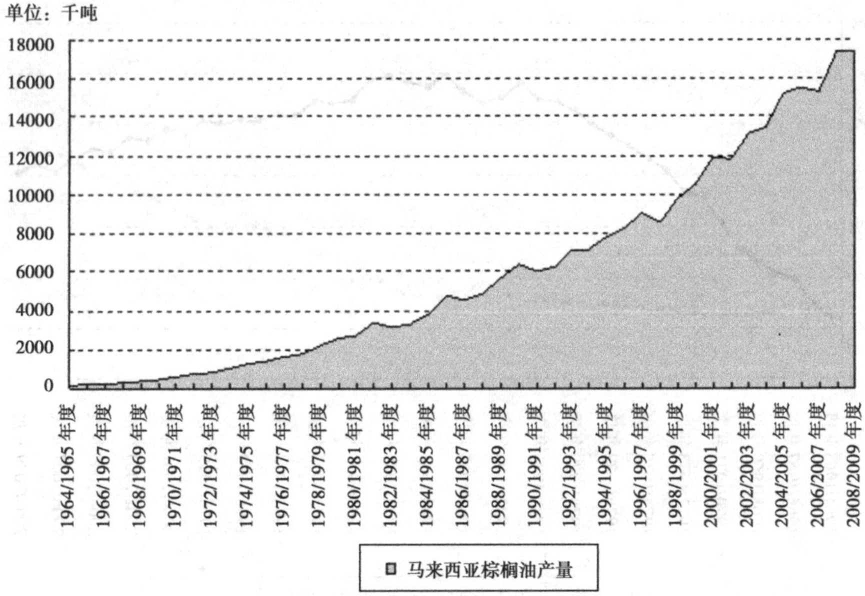

图 2－5　马来西亚棕榈油产量变化趋势

数据来源：美国农业部。

马来西亚棕榈油发展规划

马来西亚种植的油棕树主要是改良品种 TENERA，种植 3 年后就可收获，经济寿命 25 年，每公顷油棕树的棕油产量有 4 吨左右。沙巴州种植面积最大，达 120 万公顷，占马来西亚油棕树种植总面积的 30%。油棕树种植园数量以大企业为主，FELDA、IOI、SIME DARBY、FELCRA、ASIATIC、KULIN、GOLDEN HOPE 等大企业的种植面积约占马来西亚种植总面积的 60%。

马来西亚政府重视棕榈油的发展，在两个国家发展计划（第三个国家农业发展政策/NAP3 和第二个国家工业发展计划/IMP2）中专门制订了棕榈油发展规划。马来西亚种植产业产品部总体负责该行业的统筹规划和政策协调。马来西亚在 2000 年 5 月 1 日成立了马来西亚棕榈油署，负责对该国棕榈油产业的具体管理，并提供经营和科技支持，包括棕榈油产业的政策制定、企业注册、生产和贸易执照核发、市场开拓及相关咨询。

为了引导、管理和协调棕榈油业的发展，制止不当行为，提升棕榈油行业的整体水平，马来西亚政府在1970年3月1日出台了《马来西亚棕榈油管理办法》，在1982年、1984年、1989年和1990年进行了修订，1998年出台了《马来西亚棕榈油法案》，2005年出台了新的《马来西亚棕榈油业许可证管理办法》、《马来西亚棕榈油业质量管理办法》、《马来西亚棕榈油业合约登记管理办法》，规定了棕榈产品的分类、种植、生产、销售、运输、储存、从业资格、准证管理、质量检验、合约登记、违规处罚措施等。

为了增加棕榈油产量，改善棕榈油质量，提高附加值和提升国际竞争力，马来西亚棕榈油署实施三大战略：采用高科技技术、基因技术、先进的园林管理技术，增加棕榈油总体收入战略；充分开发副产品，采取零废品战略；拓展油脂和非油脂产品，实行产品增值战略。另外，政府对小种植园主进行扶植，马来西亚有4600公顷棕榈种植园由小园主经营，政府提供500林吉特/公顷补贴，用于改良和翻种，提高棕榈果的含油量，要求使产量从3.8吨/公顷提高到5吨/公顷。

为降低国际棕榈油价格波动对业主的影响，1980年设立了吉隆坡商品交易所。该交易所操作流程如下：先由国际商品交易机构、种植园主、炼油厂和消费者等各方商定棕榈油期货价格，生产者和消费者再签单卖出买入，在规定日期内完成交货。这样可使商品交易涉及者免受价格波动的影响，在一定程度上保持棕榈油价格的相对稳定。

除官方棕榈油署外，民间还设立了马来西亚棕榈油促进局、棕榈油协会、棕榈油炼油商协会、油脂化学厂商会，在技术推广、市场推广、转达行业信息、规范市场行为、向政府提呈棕榈油行业的建议等方面发挥积极作用。

（二）印度尼西亚棕榈油产量快速增加

印度尼西亚同样是自20世纪60年代开始种植油棕树的，1964/1965年度印度尼西亚棕榈油产量为15.7万吨，与马来西亚棕榈油产量基本持平，但此后40年印度尼西亚棕榈油产量一直低于马来西亚，直到2005/2006年度，印度尼西亚棕榈油产量超过了马来西亚。当年，印度尼西亚棕榈油产量达到1556万吨，马来西亚棕榈油产量只有1549万吨。今后几年，印度尼西亚棕榈油产量位居全球第一状况不会发生改变（见图2-6）。

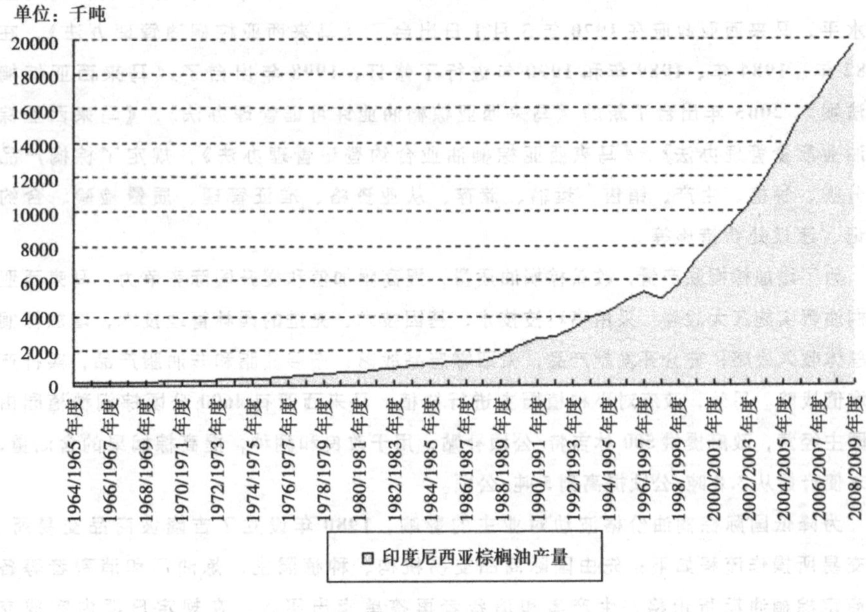

图 2－6　印度尼西亚棕榈油产量变化趋势

数据来源：美国农业部。

印度尼西亚棕榈种植园发展模式

印度尼西亚棕榈种植园长期以来主要有3种经营模式：大型私人种植园、国营种植园和个体农户小型种植园。近十年，为适应国际市场发展和价格波动大的情况，油棕树种植园模式结构也发生较大变化，已经逐渐由政府主导和控制市场转向私人部门经营和市场自我调节为主。国营种植园的面积和产量在总种植面积和产量中所占比重逐渐下降，大型私人种植园的面积和产量比重逐渐上升，已发展成为棕榈业的支柱；个体农户种植园的面积和产量比重增长势头最猛。

就地域分布看，印度尼西亚棕榈油的主产区为苏门答腊岛，其中苏门答腊岛的棕榈油产量占印度尼西亚棕榈油总产量的80%。

【案例2－2——产量变化左右棕榈油价格趋势运行】

马来西亚和印度尼西亚的棕榈油产量占到全球总产量的85%以上，所以这两个国家的产量变化会对价格运行产生很大影响。而由于季节性因素，在每年2月份之后，棕榈油生产则步入产量递增周期，直到10月、11月达到年度产量峰值。从历史价格数据来看，棕榈油价格往往在10月份之前（第三季度）出现季节性低点。例如，2009年6月，据MPOB的统计数据来看，1~5月份主产国马来西亚棕榈油的累计产量为646.5万吨，在接下来的7个月中还有近1129.5万吨的产量，平均每月产量都会保持在161万吨以上。与此同时，总部设在德国的行业期刊《油世界》称，2009年印度尼西亚的产量预期会达到2050万吨，高于2008年的1920万吨。马来西亚棕榈油产量预计为1780万吨，也高于2008年的1770万吨。数据显示，棕榈油产量季节性回升在所难免。相应大商所棕榈油期货主力1001合约在6月2日冲至6755元/吨之后，便在主产国产量回升打压下，出现季节性回调。截至2009年7月10日，期价跌至低点5488元/吨，下跌1267元/吨。

四、全球棕榈油的出口情况是怎样的？

全球棕榈油出口主要集中在马来西亚和印度尼西亚两国，两国棕榈油出口量占全球棕榈油出口总量的90%以上。2008/2009年度全球棕榈油总出口量为3160万吨，其中马来西亚和印度尼西亚棕榈油出口量达到2886万吨，占全球棕榈油出口总量的91.6%（见图2-7）。此外，尼日利亚、科特迪瓦、巴布亚新几内亚、泰国、新加坡、哥伦比亚等其他国家和地区也出口一定数量的棕榈油，但这些国家棕榈油出口量占全球棕榈油出口总量的比重不足10%。

五、马来西亚的棕榈油出口情况是怎么样的？

20世纪80年代中期之前，作为全球最大的棕榈油出口国，马来西亚几乎控制着整个国际棕榈油的出口市场，马来西亚国内棕榈油总产量的80%以上都被用来出口。1985/1986年，马来西亚棕榈油产量为477万吨，占同年世界棕榈油总产量780万吨的61.2%。其中，出口棕榈油数量达到410万吨，占国内产量的91.7%，占当年全球棕榈油出口量606万吨的67.7%。随着印度尼西亚棕榈油产量和出口量的增加，马来西亚棕榈油出口量虽然仍在继续增加，但其占全球棕榈油出口量的比重呈现下降的趋势。2000/2001

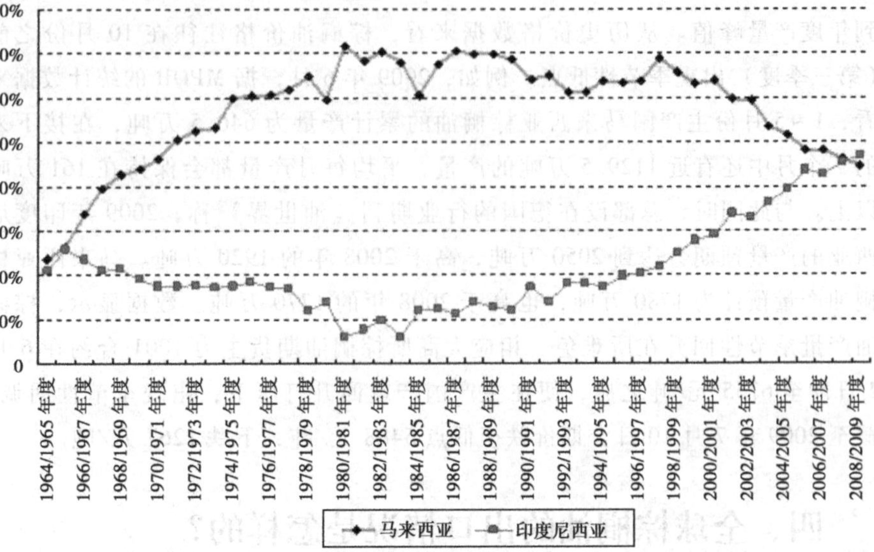

图 2－7　印度尼西亚与马来西亚两国棕榈油总出口量占世界出口量的比例

数据来源：美国农业部。

年度马来西亚棕榈油出口量首次超过 1000 万吨，达到 1048 万吨，占当年其国内棕榈油产量 1194 万吨的 87.8%，占全球棕榈油出口量 1647 万吨的比重下降至 63.6%。2007/2008 年度马来西亚棕榈油出口量达到 1464 万吨，占当年其国内棕榈油产量 1757 万吨的 83.3%，占全球棕榈油出口量 3082 万吨的比重也有所下降（见图 2－8）。

六、印度尼西亚的棕榈油出口情况是怎么样的？

近 10 年来，印度尼西亚棕榈油产量不断提高，逐渐成为全球最大的棕榈油生产国，其棕榈油出口量也逐年增加，占世界棕榈油出口总量的比重明显提高。1998/1999 年度印度尼西亚棕榈油产量为 580 万吨，当年其棕榈油出口量为 306 万吨，占全球棕榈油出口总量 1234 万吨的 24.8%。2008/2009 年度印度尼西亚棕榈油产量达到 1970 万吨，其棕榈油出口量为 1480 万吨，占全球棕榈油出口总量 3160 万吨的比重也有所提高（见图 2－9）。

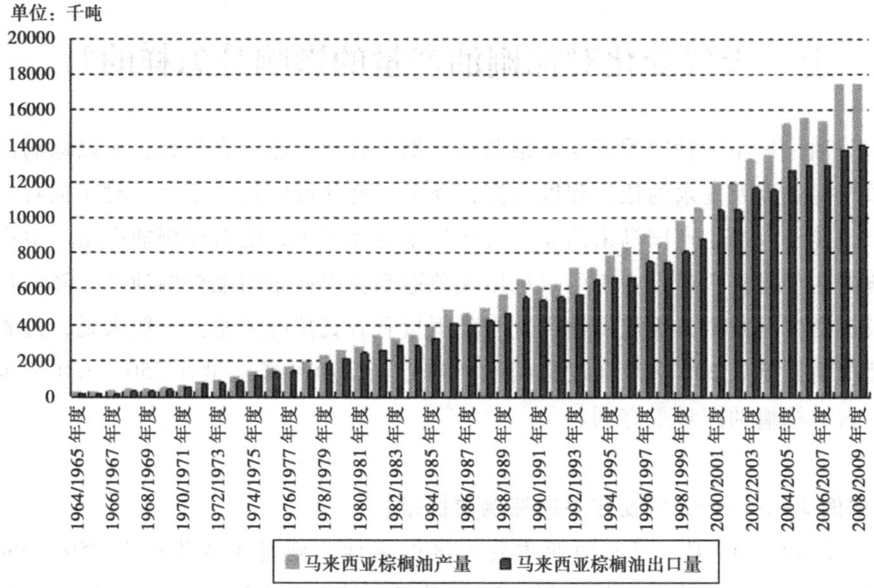

图 2－8 马来西亚棕榈油出口变化

数据来源：美国农业部。

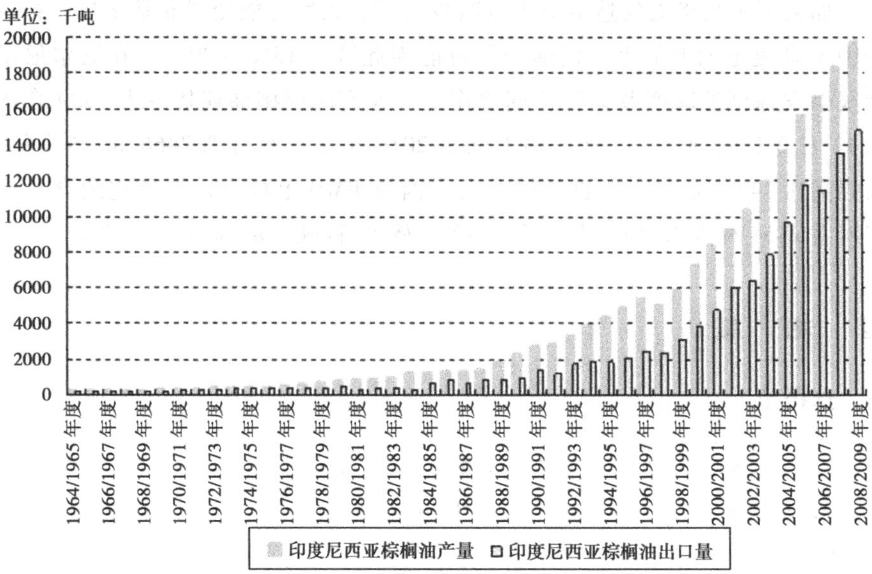

图 2－9 印度尼西亚棕榈油出口变化

数据来源：美国农业部。

七、天气变化对棕榈油产量的影响是怎样的？

油棕树是一种四季开花结果及长年都有收成的热带农作物，所以棕榈油单产对温度及雨水的依赖程度较高，受天气变化影响比较显著。对于拥有棕榈油定价权的主产国马来西亚，常年温度变化不大，能对棕榈油产量产生影响的主要是降水量。由于厄尔尼诺现象通常会引起东南亚棕榈油产区降雨量较正常情况减少，而棕榈油产量与降雨量有着直接的关系。一般来说，月累计降雨量低于200毫米会对棕榈油产量不利，而月降雨量在250～350毫米左右对棕榈油产量最有利。

【案例2－3——天气变化影响棕榈油价格】

2009年10月，马来西亚主要产区的累计降雨量主要集中在250～350毫米，对应该国棕榈油单产创了历史新高。但天有不测风云，自进入11月份之后，厄尔尼诺现象再次卷土重来。据印度尼西亚农业部种植业官员表示，如果厄尔尼诺天气造成降雨量减少的话，天气可能变得非常干旱，相应2010年印度尼西亚的毛棕榈油产量可能因此减少15%～20%。在厄尔尼诺天气引发棕榈油减产及通胀预期炒作下，大商所棕榈油期货主力1009合约由11月2日的6020元/吨一路上涨至2010年1月6日的7466元/吨高位，涨幅高达1446元/吨。与此同时，马来西亚BMD毛棕榈油期货连续合约也相继由2154林吉特/吨一路飙升至2743林吉特/吨，涨幅高达27.3%。

自 测 题

一、选择题

1. 世界油棕树种植面积主要集中于(　　)地区。

A. 东南亚　　B. 南美洲

C. 西非　　D. 欧洲

2. 目前，(　　)是世界两大棕榈油主产国。

A. 马来西亚　　B. 印度尼西亚

C. 尼日利亚　　　　　　　　D. 泰国

3. 目前，马来西亚和印度尼西亚棕榈油出口量占全球棕榈油出口总量的比重在(　　)。

A. 90% 以上　　　　　　　　B. 80% 以上

C. 70% 以上　　　　　　　　D. 60% 以上

4. 油棕树是一种四季开花结果及长年都有收成的热带农作物，所以棕榈油单产对(　　)的依赖程度较高。

A. 温度　　　　　　　　B. 雨水

C. 土壤

二、判断题

1. 印度尼西亚棕榈油的主产区为苏门答腊岛。(　　)

2. 马来西亚是全球最大的棕榈油生产国。(　　)

3. 全球棕榈油出口主要集中在马来西亚和印度尼西亚两国，两国棕榈油出口量占全球棕榈油出口总量的比重在80% 以上。(　　)

参考答案

一、选择题

1. AC　　2. AB　　3. A　　4. AB

二、判断题

1. √　　2. ×　　3. ×

第三章 棕榈油的消费与需求

【本章要点】

除了商品生产与供应状况影响价格波动之外，商品的消费与需求对价格的影响同样不容忽视，供应与需求在很大程度上决定了商品价格的运行趋势。对于棕榈油期货的投资者来说，了解全球棕榈油用途、贸易、消费等变化有助于投资者掌握这一品种行情变化的总体趋势，以便于投资者作出正确的投资决策。本章对棕榈油的主要用途、消费变化、贸易特点、进口等做了较为详尽的描述。

一、棕榈油的主要用途有哪些？

棕榈油所含营养成分丰富，同时也含有诸多适合工业使用的物质，被广泛用于餐饮业、食品加工及油脂化工业。

（一）棕榈油在餐饮业的应用是怎样的

人类将棕榈油应用于餐饮已经有超过五千年的历史了。与其他食用油相比，棕榈油在煎炸、烧烤食物方面具有明显优势，这主要有以下三个方面原因：

1. 具有良好的抗氧化性（耐炸性）。棕榈油不饱和度适中，不含亚麻酸，富含的天然维生素 E 是天然的高效抗氧化剂，这使得棕榈油相对于其他油脂更适用于煎炸、烧烤食品。

2. 脂肪酸构成较为理想。棕榈油有 50% 的不饱和脂肪酸，无反式酸，不易于酸质聚合。

3. 具有经济性。成本是餐饮业选择煎炸、烧烤用油的重要原因。油棕树是一种高产的多年生油料植物，一次栽种可收获 20 年左右；单位面积年产油量远比其他植物油料高，产量相对稳定。这些因素使得棕榈油成为最具有价格优势的食用植物油。

（二）棕榈油的食品工业用途是怎样的

在食品工业方面，棕榈油一般被加工成起酥油、人造奶油、氢化棕榈油、煎炸油脂和专用油脂等。棕榈油在食品工业应用方面，像其他食用油一样，棕榈油容易被消化、吸收。从棕榈油的组合成分看来，它的高固体性质甘油含量让食品避免氢化而保持平稳，并有效地抗拒氧化，它也适合炎热的气候，而成为糕点和面包厂产品的良好佐料。据统计，中国棕榈油消费中，方便面消费占 20%，食品加工、餐馆烹调消费占 33%，家庭烹调消费占 22%，制皂消费占 16%，油化产品消费占 6%。可见，中国进口棕榈油主要为食用。

1. 起酥油。起酥油是 100% 纯油脂，而且有很多种。严格来说，每一种食品的制造都需要用到特殊的起酥油，棕榈油是制造起酥油的合适原料。当然，也有其他适用于多种食品的通用型起酥油，通常是用来煎炸和烘焙食品，如薯条、蛋糕、饼干、夹心饼和面包等食品。通常，起酥油在生产、使用过程中需要和不同的配料搭配，才能适用于不同的产品，如冰激凌、不同风味的饼干等。

2. 人造奶油。人造奶油是 80% 的油脂和 20% 的水组成的乳化物，最初生产人造奶油是为了仿造奶油，现在已经形成了多种类型的产品。其中，棕榈油适合制造液态人造奶油，棕榈硬脂适合制造固态人造奶油。

3. 氢化棕榈油。氢化棕榈油在印度、巴基斯坦及中东国家消费较为普遍，这些国家通常将其当作酪脂类产品使用。

4. 煎炸油。煎炸油是棕榈油在食品工业中最广泛的用途之一，主要的原因是其具有很好的抗氧化性，不容易与酸质聚合，有着益于健康的脂肪酸组成（50%不饱和脂肪酸，无反式酸）。包括中国在内的大部分国家的方便面生产中，绝大部分是用棕榈产品（一般用33度精炼棕榈油）来煎炸面饼。在中国市场，一些具有地方特色的煎炸食品（如煎炸早点、煎炸小食等）也开始使用棕榈产品来进行制作。

5. 专用油脂。棕榈油和棕榈仁油都是生产专用油脂的理想原料，专用油脂主要用于糖果，特别是巧克力类食品的生产。其中，棕榈仁硬脂由于其物理性质非常接近于可可脂，又被称为"代可可脂"。

（三）棕榈油的工业用途是怎样的

工业使用的精炼棕榈油，要求熔点不低于44℃。近些年来，棕榈油的工业用途得到了快速发展，在发达国家，大量棕榈油被应用于工业领域。在我国，工业用棕榈油有"工业味精"之称，足可见其应用的广泛。此外，随着近年来原油价格的不断上涨，生物燃料油日益受到关注，棕榈油也可以生产生物燃料，这可能成为其未来消费的新增长点。棕榈油的工业用途主要分为两类：一类是从棕榈油中可以直接得到的，如皂类、环氧棕榈油及其多元醇、聚氨酯和聚丙烯酸酯类产品；另一类是油脂化工类产品，如脂肪酸、酯、脂肪醇、含氮化合物及甘油，在这几种产品的基础上，还可以通过不同的化学方式生产出各种衍生产品（见表3-1）。油脂化工的主要原料是富含长度在C12-C14和C16-C18碳链的油脂，其中棕榈仁油、棕榈硬脂、棕榈酸都是主要的原料。以2009年为例，我国进口棕榈油644万吨，其中44度棕榈油133万吨，工业用棕榈油占总消费的20%左右。

表3-1　　棕榈油主要工业用途

类别	用途	特点
皂类	制造肥皂	经济性较好，保持香味较持久
环氧棕榈油	塑料增塑剂和稳定剂	良好的经济性
多元醇	塑料制造	良好的疏水性
聚氨酯	制造泡沫塑料	制造过程中无需使用危害环境的发泡剂

续表

类别	用途	特点
聚丙烯酸酯	涂料	
脂肪酸	橡胶、蜡烛、化妆品的生产	颜色浅、纯度高
皂用脂肪酸	高级肥皂	易于生产，配方灵活
金属皂用脂肪酸	金属皂	
脂肪酸酯	工业用合成润滑剂	良好的润滑性、低温流动性及抗氧化性
皂用脂肪酸酯	高品质的纯白皂	
磺酸盐甲酯	洗涤产品	生产工艺简单，去污效果好，环保，经济
脂肪醇	表面活性剂	
甘油	医药、工业、军事、日化等	

棕榈油的生产工艺

油棕果实中含有两种不同的油脂，从果肉中可得到棕榈油，从棕榈仁中可得到棕榈仁油。油棕果经过水煮、碾碎、榨取过程，从果肉中可以获得毛棕榈油（CPO）和棕榈粕（PE）。同时，在碾碎油棕果过程中，棕榈仁被分离出来，再经过碾碎和去掉外壳，剩下的果仁经过榨取可得到毛棕榈仁油（CPKO）和棕榈粕（PKE）。棕榈果实富含解酯酶，所以对收获的果实必须及时进行加工或“杀酵”处理。毛棕榈油容易自行水解而生成游离脂肪酸，使得棕榈油酸值增长很快，因此要及时精炼。毛棕榈油和毛棕榈仁油通过精炼，去除游离脂肪酸、天然色素及气味后，可得到精炼棕榈油（RBDPO）。精炼棕榈油在液态下接近于无色透明，在固态下近白色。

根据不同需求，通过分提，可以得到8度、12度、24度、33度、44度等不同熔点的棕榈油。棕榈油中富含胡萝卜素（0.05%～0.2%），呈深橙红色，这种色素不能通过碱炼有效除去，通过氧化可将油色脱至一般浅黄色。在阳光和空气作用下，棕榈油也会逐渐脱色。棕榈油略带甜味，具有令人愉快的紫罗兰香味。常温下呈半固态，其稠度和熔点在很大程度上取决于游离脂肪酸的含量。国际市场上把游离脂肪酸含量较低的棕榈油叫做“软油”，把游离脂肪酸含量较高的棕榈油叫“硬油”。

棕榈油也被称为“饱和油脂”，因为它含有50%的饱和脂肪。油脂是饱和脂肪、单不饱和脂肪、多不饱和脂肪三种成分混合构成的。人体对棕榈油的消化和吸收率超过97%，和其他所有植物食用油一样，棕榈油本身不含有胆固醇。棕榈油具有两大特点，一是含饱和脂肪酸比较多，稳定性好，不容易发生氧化变质。二是棕榈油中含有丰富的

维生素 A（500～700ppm）和维生素 E（500～800ppm）。正是由于棕榈油具有丰富的营养物质及抗氧化性，在食品工业以及化学工业领域均有广泛应用。

二、全球棕榈油消费变化有何特征?

受人口增长、石油问题、生物能源需求等因素影响，全球对棕榈油需求量呈增长态势。1997/1998 年度全球棕榈油消费量只有 1677 万吨，到 2005/2006 年度消费量已达到 3497 万吨，8 年之内全球棕榈油消费量翻了一番多。2008/2009 年度全球棕榈油消费量超过 4000 万吨，达到 4165 万吨（见图 3－1）。

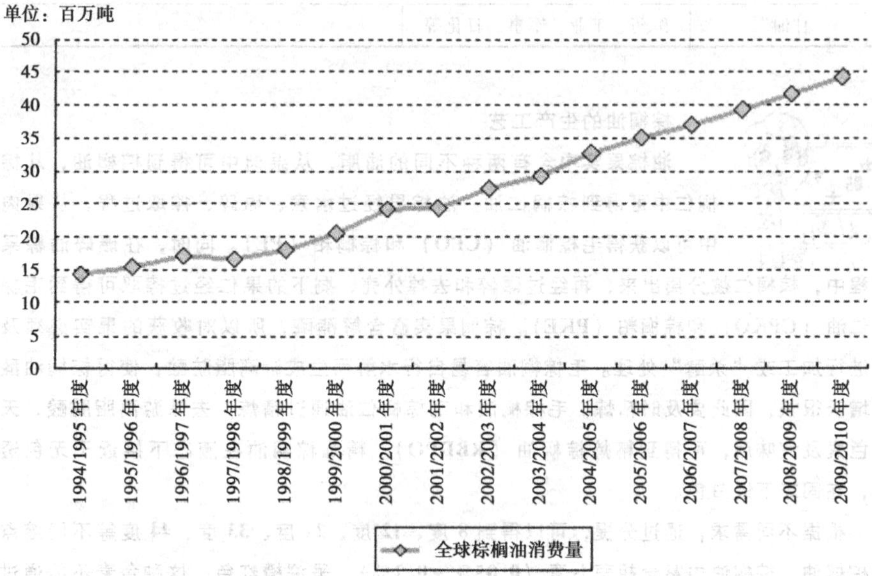

图 3－1　全球棕榈油消费量变化趋势

数据来源：美国农业部。

1996/1997 年度全球棕榈油食用消费量为 1386 万吨，2000/2001 年度全球棕榈油食用消费量超过了 2000 万吨，达到 2028 万吨，2007/2008 年度全球棕榈油食用消费量超过 3000 万吨，达到 3036 万吨，2008/2009 年度达到 3261 万吨（见图 3－2）。

随着生物柴油产业的快速扩张，全球棕榈油的工业消费量也大幅增加。

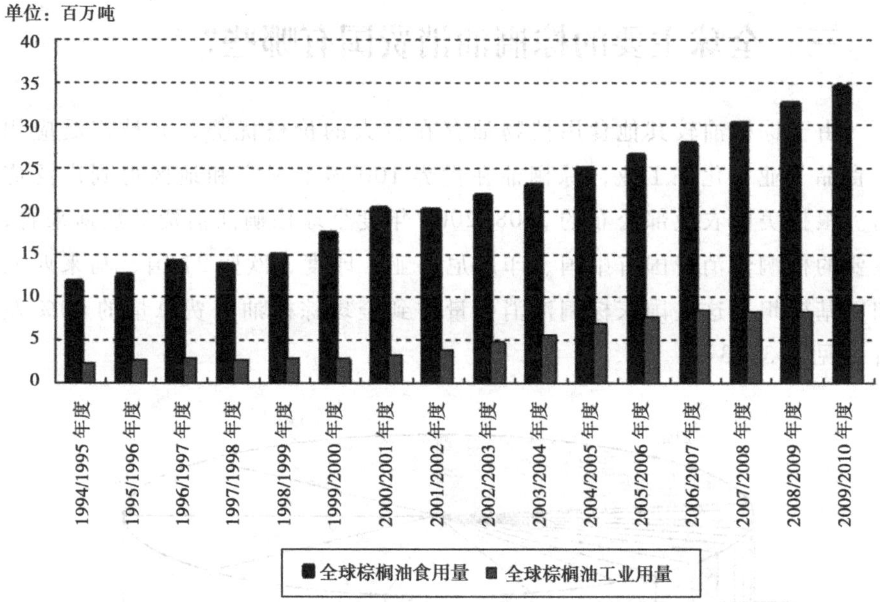

图 3－2　全球棕榈油食用消费量及工业用量

数据来源：美国农业部。

2000/2001 年度全球棕榈油工业消费量只有 329 万吨，到 2004/2005 年度全球棕榈油工业消费量已达到 700 万吨，4 年之内翻了一番多，至 2008/2009 年度达到 831 万吨。

【案例 3－1——消费量变化影响棕榈油价格】

据布瑞克咨询公布的数据显示，目前，世界人均油脂消费量为 22 公斤/年，其中欧盟及美国等发达国家约为 52 公斤/年和 54 公斤/年，印度仅为 12 公斤/年，中国为 18 公斤/年。预计中国的人均消费将会突破 18 公斤/年，逐渐达到 25 公斤/年。从 2000 年开始，中国棕榈油消费量大幅增长。长期来看，消费量还有继续增长的空间。在全球油脂食用消费旺盛、生物柴油增加额外需求及自身产量稳步增长影响下，2005 年至 2008 年 3 月，国际油脂价格一路飙升，其中棕榈油价格更是涨至 12000 元/吨左右。

三、全球主要的棕榈油消费国有哪些?

由于棕榈油较其他食用植物油存在较大的价格优势，并被广泛应用于食品工业和化工工业，棕榈油在世界100多个国家和地区得到广泛应用。根据美国农业部公布的2008/2009年度全球棕榈油消费量数据来看，主要的棕榈油消费国有中国、印度尼西亚、印度、欧盟27国、马来西亚和巴基斯坦。这些国家棕榈油消费量占到全球棕榈油消费总量的60%左右（见图3-3）。

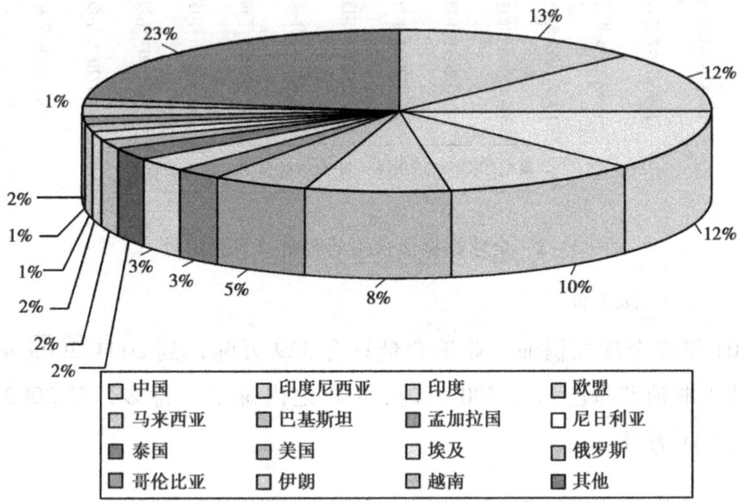

图3-3　2008/2009年度全球棕榈油消费分布

数据来源：美国农业部。

中国是全球最大的棕榈油消费国，消费量占到全球消费量的13%左右；其次是棕榈油主产国印度尼西亚，其消费量占到全球消费量的12%左右；印度人口众多，近年来棕榈油消费量不断增加，目前已占到全球消费量的12%左右；欧盟27国和马来西亚棕榈油消费量分别占全球消费量的9%左右；巴基斯坦棕榈油消费量占全球消费量的5%左右。

四、全球棕榈油贸易呈现什么特点？

自20世纪70年代中期开始，在全球棕榈油产量不断增加、消费量快速提高的带动下，全球棕榈油贸易量呈逐年扩大态势，占全球植物油贸易量的份额也越来越大，棕榈油成为全球贸易量最大的植物油品种。目前棕榈油贸易量占全球植物油贸易量的比重已超过60%。

1970/1971年度全球棕榈油出口量首次超过100万吨，达到124万吨；1975/1976年度全球棕榈油出口量超过200万吨，达到211万吨；1984/1985年度全球棕榈油出口量超过500万吨，达到539万吨；1993/1994年度全球棕榈油出口量首次超过1000万吨，达到1061万吨。2003/2004年度全球棕榈油出口量超过2000万吨，达到2161万吨；2007/2008年度全球棕榈油出口量超过3000万吨，达到3040万吨；2008/2009年度全球棕榈油出口量达到3423万吨（见图3-4）。

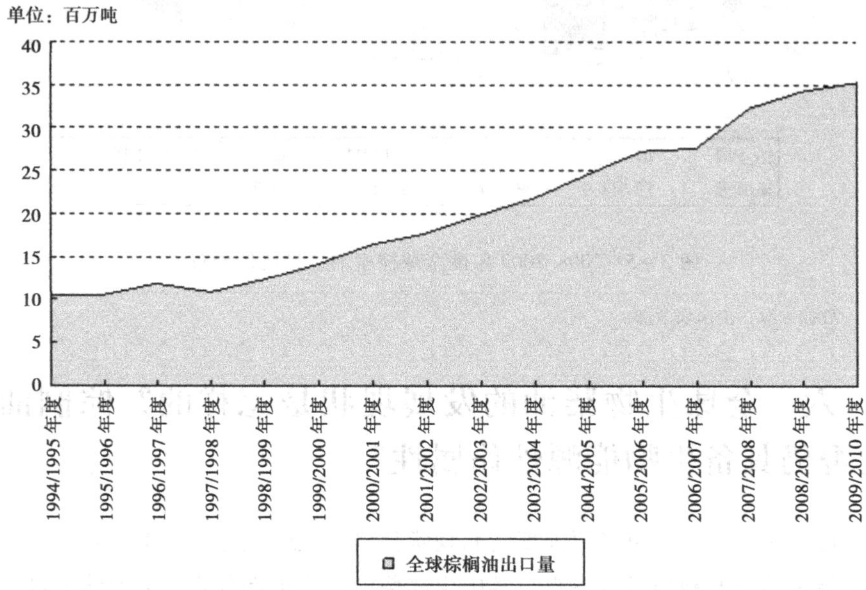

图3-4 全球棕榈油出口量变化趋势

数据来源：美国农业部。

五、全球主要的棕榈油进口国有哪些?

与生产和出口相比，棕榈油进口相对分散。棕榈油主要进口国为中国、印度、巴基斯坦、荷兰、英国、德国等，前10个进口国的进口量约占世界棕榈油总进口量的62%。20世纪90年代早期和中期，中国棕榈油进口量居世界之首。自20世纪90年代末开始，印度棕榈油进口迅猛增长，大有赶超中国之势，2008/2009年度，印度、中国棕榈油进口量均为550万吨（见图3-5）。

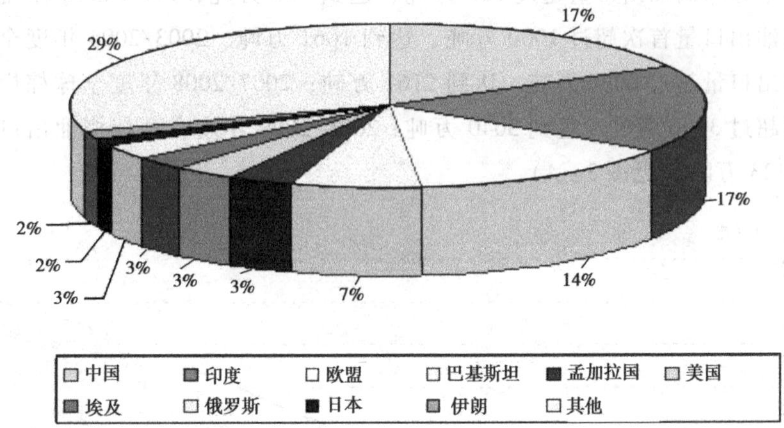

图3-5　2008/2009年度全球棕榈油进口比例分布

数据来源：美国农业部。

六、全球生物柴油的发展现状是怎样的?棕榈油是否仍具备生物能源炒作属性?

近些年来，国际市场原油期货和现货价格的大幅上涨使得世界各国对可再生能源的开发利用日益重视，其中生物柴油作为可部分替代柴油的可再生能源正逐渐获得许多国家的青睐，纷纷立法鼓励生物柴油产业的发展。自2006年以来，以美国为首的一些农产品生产大国为缓解原油价格上涨带来的压力，开始大规模使用玉米、棕榈油、豆油和甘蔗等农产品生产生物能源。美国新能源法案规定，到 2012 年生物柴油掺混量要求达到 10 亿加仑，美国计划，到 2017 年生物燃料将取代 20% 的石油使用量，2006 年的产量为 100 万吨。欧洲的生物燃料条例（2010 年生物燃料将占 5.75% ，计 1020 万吨，2006 年的产量是 480 万吨）。随着生物能源产业规模的扩大，棕榈油与原油关系日益密切，价格与原油关联度进一步增强。美国生物柴油月度产量走势见图 3 -6，欧盟生物柴油历年产量走势见图 3 -7。

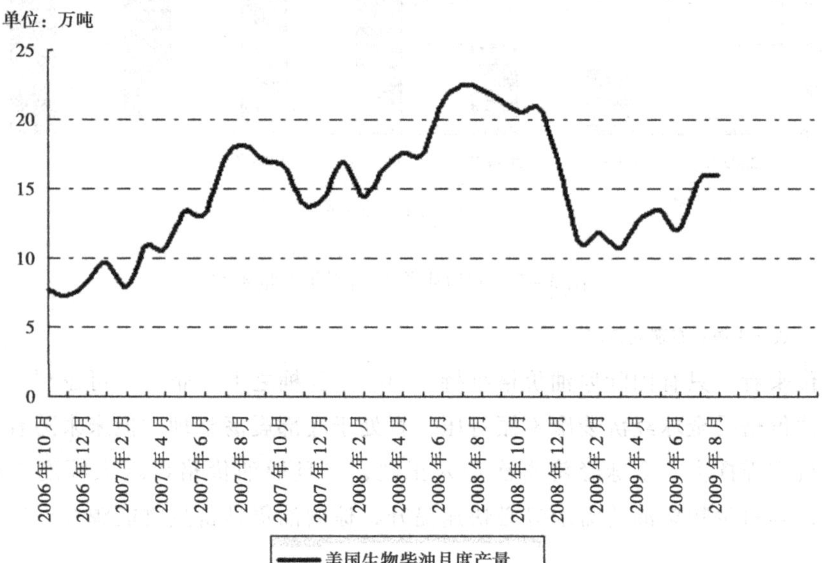

图 3 -6　美国生物柴油月度产量走势

数据来源：布瑞克咨询。

2008 年下半年以来，受百年不遇金融危机影响，国家油价的大幅度暴跌，使得生物能源产业面临极大的挑战，投资风险凸显，许多生物柴油厂家面临倒闭或者破产边缘。2008 年 11 月初，美国最大的上市乙醇生产商 VeraSun Energy 申请破产保护。据调查，在生物柴油开发中，其原料价格占到总成本的 70% 到 80% 。生物柴油项目盈亏平衡点随着原材料价格的波动而变化。以目前美国豆油 39 美分/磅左右价位即对应棕榈油 6900 元/吨附近

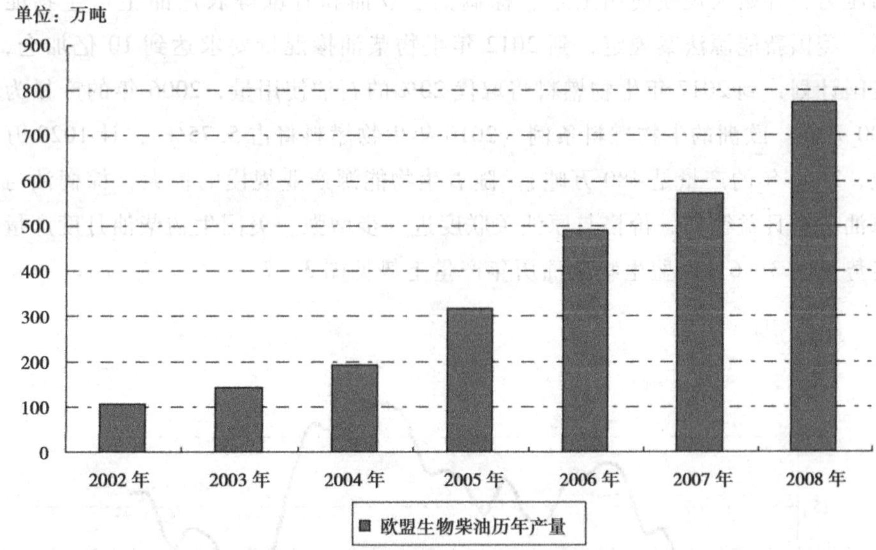

图 3－7　欧盟生物柴油历年产量走势

数据来源：布瑞克咨询。

价位来看，只有国际原油价格维持在 80 美元/桶之上，企业方可盈利。虽然原油价格受全球经济萎靡不振打压一直处于底部震荡整理，但未来随着金融危机阴霾挥去，全球经济再次步入正轨，一旦原油价格再现大幅度走高的话，其对生物柴油的需求势必快速提升，棕榈油仍具备生物能源炒作属性。

中国生物柴油发展现状

中国是世界上石油资源严重短缺的国家之一，近年来我国政府不断加大对生物柴油企业的扶持力度。国家于 2005 年颁布了《可再生能源法》，以法律形式明确了国家对发展可再生能源的坚定态度，并且出台了一系列关于发展可再生能源的优惠政策。2006 年财政部、发改委等五部委又联合发布了《关于发展生物能源和生物化工财税扶持政策实施意见》，进一步明确了鼓励发展生物能源与生物化工的态度和决心。一系列法律法规及政策的实施使得近几年我国生物柴油的产能不断增加。

目前，中国生物柴油处于初级发展阶段。据统计，2001 年我国生物柴油的生产能力仅有 4 万吨，而到 2006 年底我国生物柴油的年生产能力已经超过 100 万吨。2007 年以

非食用原料所生产的生物柴油大约 25 万吨，2020 年达到 200 万吨。棕榈油作为生产生物柴油的原料也必将在我国的工业生产领域发挥越来越重要的作用。

【案例 3－2——生物柴油炒作题材影响棕榈油价格】

由于棕榈油转化为生物柴油的转化率高，每公顷油棕树产出 5 吨棕榈油，而油菜籽、大豆等油料作物只能产出 500 公斤油，所以棕榈油成为一种理想替代能源。据统计，若每桶原油价格高于 60 美元，则棕榈油生物燃料就具有价格优势。尤其在低碳经济的大环境背景下，清洁能源的开发和利用势必再次增加棕榈油的额外用量。因此，棕榈油生物燃料仍为理想的替代能源，这将影响到国际棕榈油需求，进而影响到价格的变化。例如，自 2007 年以来，纽约商业交易所原油期货自 50.4 美元/桶上涨至 2008 年 3 月 4 日的 103.33 美元/桶，涨幅高达 105%。原油价格的大幅度上涨加大了世界各国对可再生能源的开发力度，由此，作为生物柴油的原材料——棕榈油便插上了一路飙升的翅膀。其中，大连商品交易所棕榈油期货主力合约价格由上市初的 8424 元/吨上涨至 2008 年 3 月 4 日的 12510 元/吨，涨幅高达 48.5%，与此同时，大马交易所毛棕榈油期货连续合约价格也由 2910 林吉特/吨上涨至 4360 林吉特/吨，涨幅同样高达 49.8%。但受 2008 年下半年金融危机的利空打压，国际原油期货一落千丈，自 2008 年 7 月 11 日至 2009 年 1 月 15 日，纽约商业交易所原油期货合约自 147.25 美元/桶高位一路暴跌至 33.2 美元/桶，跌幅高达 343.5%，跌幅之深历史罕见。在这个时间段内，投机基金对油脂生物燃油炒作热情锐减，棕榈油期货主力合约由 10510 元/吨一路下跌至 5204 元/吨，跌幅高达 101.96%。

自　测　题

一、选择题

1. 棕榈油所含营养成分丰富，同时也含有诸多适合工业使用的物质，被广泛用于(　　)。

A. 餐饮业　　B. 食品加工

C. 油脂化工业

2. 在食品工业方面，棕榈油一般被加工成(　　)和专用油脂等。

A. 起酥油　　B. 人造奶油

C. 氢化棕榈油　　D. 煎炸油脂

3. 目前，(　　)是全球最大的棕榈油消费国或地区。

A. 中国　　B. 欧盟

C. 日本　　D. 印度

4. 目前，全球贸易量最大的植物油品种是(　　)。

A. 大豆油　　B. 棕榈油

C. 菜籽油　　D. 葵花油

二、判断题

1. 棕榈油不饱和度适中，不含亚麻酸，富含的天然维生素 E 是天然的高效抗氧化剂，这使得棕榈油相对于其他油脂更适用于煎炸、烧烤食品。(　　)

2. 棕榈油的工业用途主要分为两类：一类是从棕榈油中可以直接得到的，如皂类、环氧棕榈油及其多元醇、聚氨酯和基丙烯酸酯类产品；另一类是油脂化工类产品，如脂肪酸、酯、脂肪醇、含氮化合物及甘油。(　　)

3. 与生产和出口相比，棕榈油进口相对分散。棕榈油主要进口国为中国、印度、巴基斯坦、荷兰、英国、德国等。(　　)

参考答案

一、选择题

1. ABC　　2. ABCD　　3. ABD　　4. B

二、判断题

1. √　　2. √　　3. √

第四章 中国的棕榈油市场

【本章要点】

中国作为全球人口最多的国家，油脂消费总量一直处于增长态势，尤其对用途广泛、价格低廉的棕榈油，进口量和消费量保持强劲的增长势头。作为全球最大的棕榈油进口国，中国的进口及消费变化对棕榈油价格变化起到举足轻重的作用。本章对完全依赖进口的我国棕榈油市场，就进口量、进口政策、主要进口国、主要进口品种、主要进口港口、主要流通渠道及用途等做了较为详尽的解释，为投资者了解国内棕榈油市场打开方便之门。

一、我国棕榈油进口量占植物油进口量的比重是怎样的?

我国是世界上植物油消费量最大的国家，但耕地面积严重制约着我国的油料产量，导致了国内植物油供需矛盾异常突出。近几年，随着人民生活水平的不断提高，我国对植物油的需求不断增加，我国在每年进口大量大豆和油菜籽的情况下，仍然不能够满足国内需求。据不完全统计，目前我国油脂对外依存度为60%。

由于棕榈油在食品行业的应用中具有其他食用植物油无法替代的作用，加之相对低廉的价格优势，最近几年我国棕榈油消费量一直呈现快速增加的态势，目前已成为我国第二大植物油消费品种。其中，在2008/2009年度，我国共进口了570万吨棕榈油、237万吨豆油及27万吨菜籽油。由此可知，棕榈油在三大油脂进口总量中的比重已经接近70%。

二、我国棕榈油进口政策是怎样的？

我国气候不适宜种植油棕树，因此我国无法生产棕榈油，国内棕榈油供应完全依赖于进口。2002年，我国对棕榈油实行配额管理制度；2006年初放开对棕榈油的管理，取消了进口关税配额，实行自动进口许可证管理，不限制数量，企业按自己经营需要进口。最近10年来我国棕榈油进口量一直呈现逐年增加的态势。1998年我国棕榈油的进口量仅93万吨，1999年棕榈油的进口量超过100万吨，达到119.4万吨。近两年我国棕榈油进口增速开始放缓，但仍继续保持增加态势。2007年我国棕榈油的进口量为509.5万吨，仅比2006年增加1.3万吨。2008年我国棕榈油的进口量为528.2万吨，较2007年增加18.7万吨，2009年棕榈油的进口量达到612万吨，再创历史新高（见图4－1）。

三、为什么我国棕榈油进口量一直处于增加的态势？

我国棕榈油的进口量一直保持增长主要基于以下几个方面的原因：第一，我国经济持续快速发展，人民生活水平不断提高，虽然受到金融危机的影响，在国家拉动内需政策和宏观调控下，经济增长势头不会改变，国内食品加工和化工行业对棕榈油的需求将会继续增加。第二，国内棕榈油分提能力和技术不断提高，加之棕榈油价格远低于其他植物油，导致精炼棕榈油需求加大。第三，我国人口呈刚性增长态势，国内植物油供给不足，进口是唯一的选择。

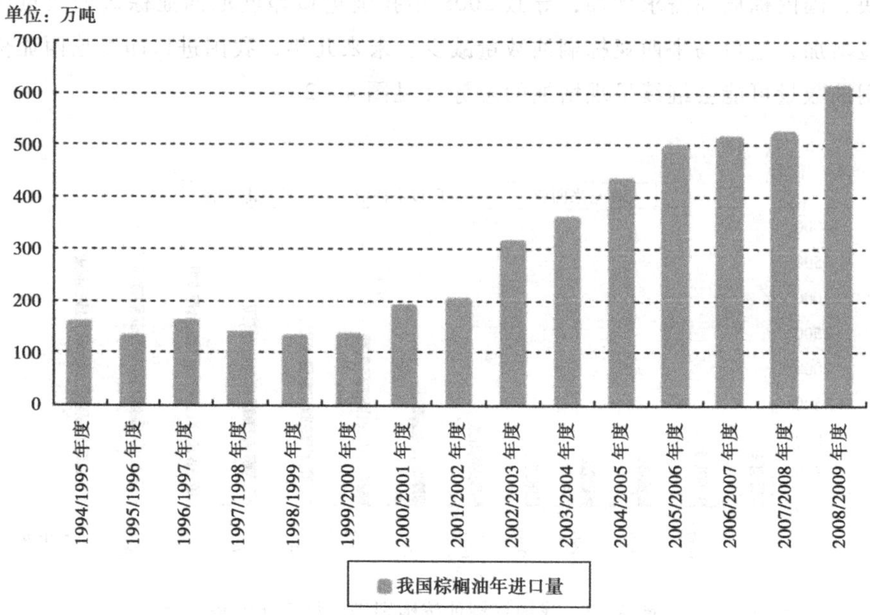

图 4－1　我国棕榈油进口量变化

数据来源：中国海关总署。

四、我国主要从哪几个国家进口棕榈油？

我国进口的棕榈油主要来自马来西亚和印度尼西亚，每年从上述两国进口的棕榈油占全部棕榈油进口量的比重一直在 97% 左右。2008 年，中国从这两个国家进口的棕榈油数量共计 524.1 万吨，约占总进口量（528.2 万吨）的 99.2%。其中，从马来西亚进口棕榈油 355.8 万吨，占全部棕榈油进口量的 67.4%；从印度尼西亚进口棕榈油量 168.3 万吨，占全部棕榈油进口量的 31.9%。随着我国经济的快速发展、人口数量的日益增加和居民生活水平的不断提高，未来棕榈油的进口量势必有增无减。

过去大多数年份我国从马来西亚和印度尼西亚进口棕榈油数量都呈现增加的态势，但最近几年这一局面正在发生改变。2008 年印度尼西亚棕榈油产量大幅增加，并首次超过马来西亚，加上马来西亚生物柴油产业发展较快，国内棕榈油需求增加，导致 2008 年我国进口印度尼西亚棕榈油数量明显增加，进口马来西亚棕榈油数量减少。未来几年，我国进口印度尼西亚棕榈油数量可能会继续呈现增加的态势（见图 4－2）。

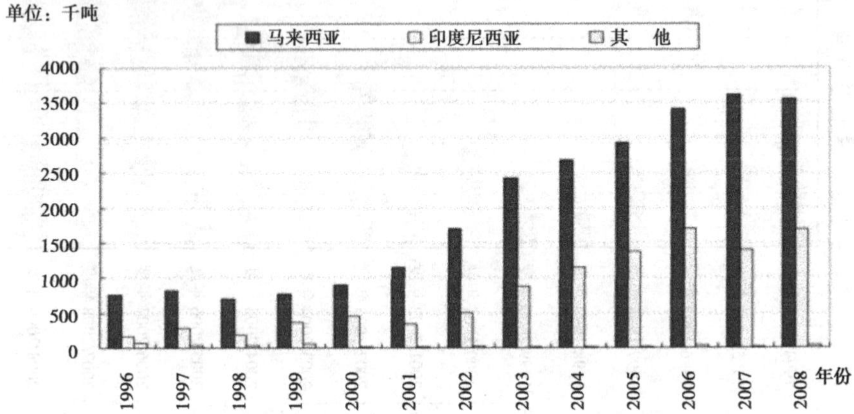

图 4－2　我国棕榈油按国别进口量变化趋势

数据来源：中国海关总署。

五、我国棕榈油进口情况是怎样的？

我国进口棕榈油以 19～24 度为主，44～56 度棕榈油进口量持续减少。2008 年我国进口 19～24 度棕榈油数量突破 400 万吨达到 403.6 万吨，占全部棕榈油进口量的比重达到 76.4%，进口 44～56 度棕榈油硬脂数量下降至 63.5 万吨，占全部棕榈油进口量的比重降至 12%。最近几年我国棕榈油分提产业快速发展，44～56 度棕榈油硬脂产量增加，是导致 44～56 度棕榈油硬脂进口量不断减少的主要原因。而棕榈油分提能力的不断提高，对19～24 度棕榈油需求持续强劲，加上国内棕榈油消费需求不断增加，导致 19～24 度棕榈油进口量一直呈现增加的态势。

六、我国棕榈油进口港口或地区是如何分布的？

受我国交通运输和物流中转以及棕榈油消费需求地区存在较大差异的影

响，最近几年我国棕榈油进口地区一直呈现高度集中的局面，而且这一局面未来几年不会发生明显改变。从我国棕榈油进口的地区分布来看，华北（天津周边地区及山东）、华东（张家港、泰兴、宁波等上海周边地区）、华南（黄埔、深圳及厦门等广州周边地区）是我国棕榈油的主要进口、加工、销售地区，棕榈油进口量占全国进口总量的92%。其中，华北地区占24%，华东地区占34%，华南地区占34%。国内棕榈油进口港较为集中，天津、张家港和黄埔进口量占全国总进口量的67%。青岛、深圳、厦门的棕榈油进口量也分别占全国总进口量的5%左右（见图4－3）。

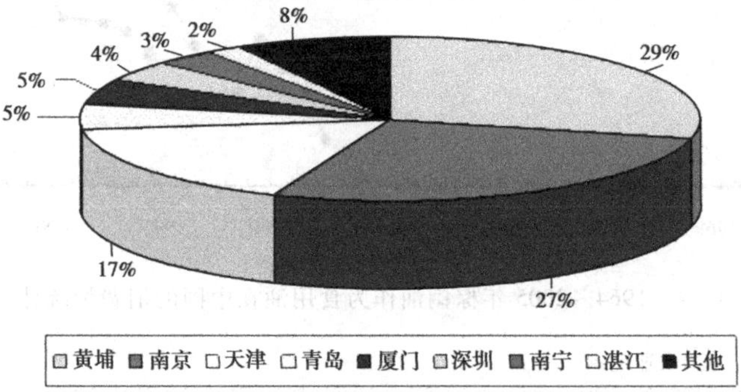

图4－3　2008年国内主要港口棕榈油进口比例分布

数据来源：中国海关。

2008年广东、江苏和天津三省市棕榈油进口量达到419.8万吨，占全国棕榈油进口量的79.5%。广东省仍是我国棕榈油进口量最大的地区，2008年该地区棕榈油进口量达到188.1万吨，占全国棕榈油进口量的35.6%，较2007年181.9万吨的进口量增长3.4%。江苏和天津地区棕榈油进口量分列国内二、三位，其中，江苏地区进口棕榈油142.4万吨，占全国棕榈油进口量的27%，较2007年132.9万吨的进口量增长7.1%；天津地区进口棕榈油89.3万吨，占全国棕榈油进口量的16.9%，较2007年92.5万吨的进口量降低3.5%。

七、我国棕榈油消费量的变化是怎么样的？

在我国，植物油主要包括大豆油、棕榈油、菜籽油、花生油和棉籽油。

棕榈油是我国的第二大植物油，地位仅次于大豆油。根据美国农业部的统计，1996 年到 2001 年，中国棕榈油的需求增长趋势还不很明显。从 2001 年开始至 2004 年，棕榈油作为食用油的用量开始猛增，从不足 150 万吨上升至 270 万吨（见图 4－4）。

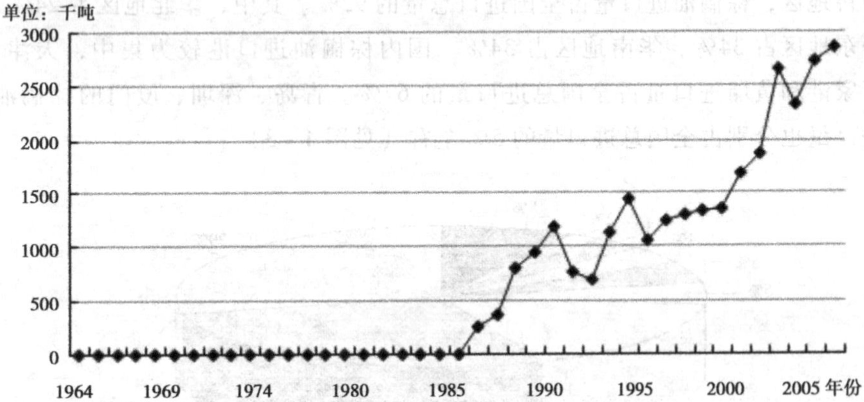

图 4－4　1964～2005 年棕榈油作为食用油在中国的消费量统计

数据来源：美国农业部。

我国是全球最大的棕榈油进口国，也是全球最大的棕榈油消费国，2008 年度我国棕榈油消费总量达到 520 万吨，占全球棕榈油消费量的 13% 左右。最近几年我国棕榈油消费量稳步增加，占国内植物油消费量的比重也呈现增加的趋势，2008 年我国棕榈油消费量占国内植物油消费量的比重约在 23%。我国五大植物油消费占比走势见图 4－5。

八、我国棕榈油的食用消费情况是怎样的？

来自贸易商的统计数据显示，我国棕榈油的消费以食用为主，其中 24 度精炼棕榈油为主要品种，占据市场份额的 60% 以上。

1996～2001 年我国棕榈油的食用消费数量基本呈现平稳增长态势，2001～2007 年增速明显加快，2007 年以后增速有所减弱，但仍在平稳增加。2001 年我国棕榈油食用消费量只有 120 万吨，2003 年即超过 200 万吨，2005 年我国棕榈油食用消费量超过 300 万吨，2007 年棕榈油食用的消费数

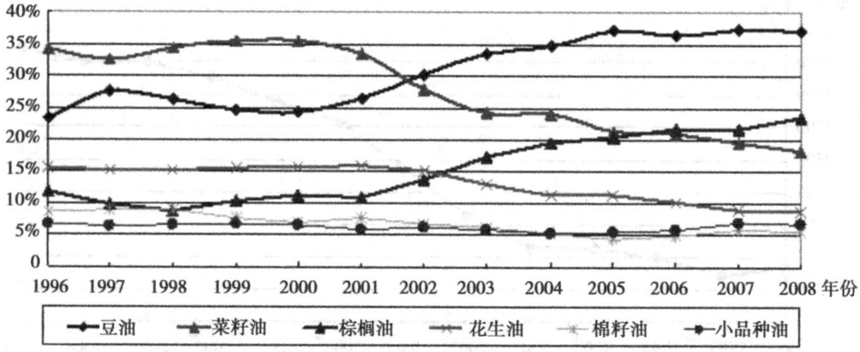

图 4－5 我国五大植物油消费占比走势

数据来源：国家粮油信息中心。

量达到 400 万吨，2009 年将达到 420 万吨，约占棕榈油总消费的 70%。

我国棕榈油消费量呈现出快速增长态势主要得益于近几年我国棕榈油分提能力和技术的不断提高，尤其是低熔点棕榈油分提产品的不断出现，加之棕榈油低廉的价格，使得棕榈油与豆油、菜籽油和花生油等高成本油脂的勾兑比例不断提高。另外，如方便面、饼干等附加值相对较低的食品制造业也是我国棕榈油的主要应用领域。例如，2009 年 3 月 24 日，马来西亚棕榈油促销协会单独针对中国举办的“中国油脂现状研讨会”称，中国 1200 条方便面生产线将需要 48 万吨棕榈油，饼干业需要棕榈油 20 万吨。而高档食品、油脂化工、化妆品和护肤品等附加值较高的棕榈油下游产品所占棕榈油消费量的比例还相对较小。预计今后几年我国棕榈油的分提能力仍将会断续增加，与此同时，我国的棕榈油食用消费量也在大幅增长（见图 4－6）。国内方便面月产量增长趋势见图 4－7。

九、除了食用消费之外，棕榈油的工业用途是怎样的？

油脂化工产业是棕榈油非食用领域的主要研究对象之一，同时也是棕榈油产品多元化发展的重要组成部分。乳化剂、饲料、油墨、洗涤去污剂、化妆品以及护肤用品等均是油脂化工产业的重要产品。我国的棕榈油油脂化工

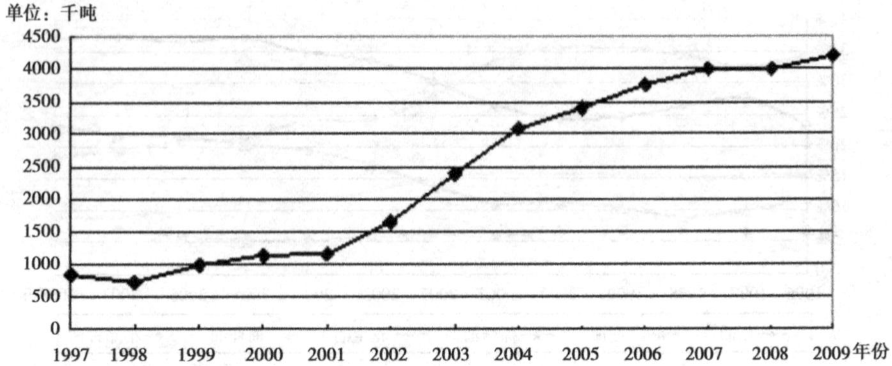

图 4－6　国内棕榈油食用消费量增长趋势

数据来源：国家粮油信息中心。

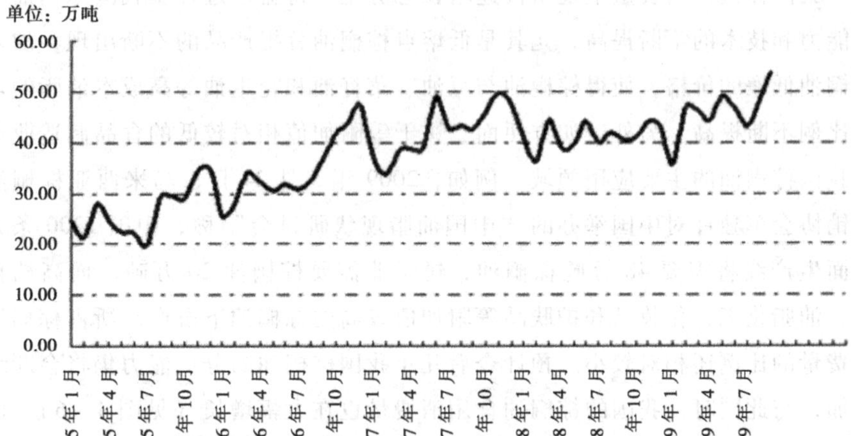

图 4－7　国内方便面月产量增长趋势

数据来源：布瑞克咨询。

产业起步较晚，棕榈油产品应用于非食用领域所占的比例还相对较小，但近几年却越来越多地受到人们的重视，并且得到了迅速的发展，棕榈油产品正在成为脂肪酸、脂肪醇以及甘油等化工产品的重要原料。

20世纪90年代中期以来，我国棕榈油工业消费量稳步增加，进入21世纪后增速明显加快，但最近两年受价格较高的影响，工业消费量出现小幅下降。2000年之前我国棕榈油工业消费量不足30万吨，2002年棕榈油工业消费量达到50万吨，2005年工业消费量达到100万吨，2006年工业消费量达到120万吨，2007~2008年工业消费量稳定在120万吨左右。而对于工业用油中涉及的香皂、化妆品及漆料约需20万至30万吨。

由棕榈油相关产品深加工而成的高档护肤品、化妆品以及应用于工业领域的高附加值产品的产量逐年增加，对棕榈油工业中下游产品的开发和研制已逐渐成为棕榈油工业发展的另一个主要趋势，这种趋势无疑将刺激我国棕榈油相关产品需求量的增加。

十、我国棕榈油现货市场发展情况是怎样的?

国内棕榈油加工企业超过千家，分布在重要进口港的周边地区。棕榈油贸易企业近万家，其中大型企业直接从外国进口，进入国内后再通过大量的分销商进行分销。天津、上海和广州周边地区不但是我国棕榈油的主要进口、贸易集散地，而且大型的棕榈油加工企业也主要集中在这些地区，拥有足够的棕榈油加工、储存能力。目前，天津地区有40万吨的罐容，上海地区加工企业的罐容约20万吨，江苏地区的罐容约40万吨，广州地区也有40多万吨的罐容。

我国棕榈油消费区域分布广泛，其中，华北、东北地区消费的棕榈油主要来自天津和青岛，华东、华中地区消费的棕榈油主要来自张家港、泰兴、南通，华南地区消费的棕榈油主要来自黄埔、深圳和厦门。以主要进口港为中心，向周边辐射，是国内棕榈油现货市场流通的基本格局。

我国进口棕榈油数量呈快速增长趋势，除国内食品加工和化工行业对棕榈油需求持续增长外，国内棕榈油分提能力和分提技术不断提高，导致食用棕榈油消费量继续增加也是重要原因之一。国外棕榈油加工精炼厂相继瞄准中国巨大的棕榈油消费市场，纷纷在主要港口设立精炼厂。例如，2009年12月17日，印度尼西亚春金集团棕榈油加工项目落户天津临港工业区。此企业是印度尼西亚最大的棕榈种植、棕榈油精炼加工和油化学品生产商之一，拥有世界上最大的棕榈油精炼厂。春金集团临港棕榈油加工项目是临港工业区内粮油食品加工产业板块所引进的第四家大型企业。该项目总投资12亿元人民币，其中，一期项目投资5亿元人民币，主要从事棕榈油加工、精炼、分提，项目投产后预计年销售收入将达到20亿元人民币。该项目的投资兴建，将与中粮、京粮、金光等企业一起为临港工业区发展成为中国北方最大的油脂综合加工基地奠定基础。

国内消费企业简述

在我国有超过5000家公司都使用棕榈油来制造他们的产品。这些公司分散在大量不同的行业中，包括餐饮、食品加工、化学品公司等。许多知名的企业，像日用品中的联合利华、宝洁、纳爱斯，食品行业中的统一和顶新都在其中。但是，多数公司并不直接进口棕榈油。通常它们和中间商也就是贸易商进行接触。

2007年和2008年上半年，我国的主要棕榈油进口商都是大型国有品牌和国际大品牌，包括中粮集团、中国粮油饲料有限公司、中谷粮油、正大集团（CPG，泰国企业）、嘉里粮油（中国）、联合利华、百事食品（中国）有限公司和纳爱斯集团等。

延伸阅读：中国食用油进出口贸易政策（1980～2009年）

1978年以来，国家对植物油进出口实行垄断经营，政府根据国内油料生产情况，每年制订进口和出口计划。出口的植物油由粮食部门按计划供货，由对外贸易部门的公司负责对外成交，进口植物油也是由外贸部门对外成交，进口的植物油交粮食部门分配和供应。这一期间，只在1983～1985年出现过植物油脂的净出口。1985年政府对植物油的进出口政策进行了改革，撤销了出口计划，取消了进口限制，凡是有粮油外贸经营权的外贸公司都可以自行组织进口和出口。国家只对花生、桐油、芝麻实行许可证管理。放宽植物油对外贸易政策之后，植物油的进口量增长较快，1990年植物油净进口额高达200万吨。随后，植物油脂的净进口出现了逐步下降的趋势。1993年，政府完全开放了植物油贸易市场，实行开放的贸易政策，植物油自由贸易市场体系开始逐步建立，植物油贸易空前活跃。国家为了避免市场波动，实行了植物油商品国家储备制度，同时采用关税调节进出口的数量。国家对于植物油的政策从国内和国际两方面考虑。

【国内政策】

1. 1998 年，我国加大打击走私力度。

2. 关于植物油。2004 年 10 月 1 日，中国颁布《新食用油国家标准》。所有市场上销售的主要食用植物油将划分为 4 个等级，而以转基因大豆为原料的食用油必须在标签上给予明确标识。两项新标准实施后，2005 年中国食用植物油进口由升转降，共进口食用植物油 621 万吨，价值 28.2 亿美元，分别比 2004 年（下同）下降了 8.1% 和 23.2%。

3. 2005 年 2 月 1 日起正式实施《新食用油国家标准》。

【贸易政策】

1. 第一时期：我国加入世贸组织前（1996 ~2001 年）。这一时期政府主要采取关税措施和国营贸易来调节菜籽油的进口，对菜籽油实行进口许可证管理。自 1992 年以来，已经多次自主降低进口关税，1992 年降低了 2898 个税号的关税税率。其中，油菜籽进口优惠税率是 50%，普通税率是 70%，并征收 13% 的增值税；菜籽油优惠税率为 25%，普通税率为 35%。

1997 年 10 月，菜籽油的优惠税率上升到 100%，普通税率上升为 170%。配额内税率为 20%，并增收 13% 的增值税。

2001 年菜籽油仍保持 1997 年的关税税率。大豆配额内关税 3%，配额外优惠税 114%，普通税 180%。豆油配额内关税 13%，配额外优惠税 121.6%，普通税 190%。棕榈油优惠税下降为 30%，普通税下降为 60%。拥有菜籽油进口权利的企业分别是粮油食品进出口总公司、土产畜产进出口总公司、华润总公司、南方进出口总公司、良丰谷物进出口公司、中谷粮油集团公司等六家单位。

2. 第二时期：入世过渡期（2002 ~2005 年）。按照加入世贸组织中农业协议的规定，世贸组织成员必须为农产品提供最低市场准入机会，即实行关税配额管理。2002 ~2005 年，中国植物油关税配额及其使用情况见表 4 -1。到 2006 年 1 月 1 日取消植物油关税配额限制，实行 9% 的单一关税。三种植物油配额外普通税这几年保持不变：豆油 190%、菜籽油 170%、棕榈油 60%。

表 4-1　加入世贸组织后中国植物油关税配额情况

指标		2002 年	2003 年	2004 年	2005 年	2006 年
大豆油	配额量（万吨）	251.8	281.8	311.8	358.7	关税配额于 2006 年 1 月 1 日取消，实行市场化竞争
	实际进口量（万吨）	87	188	252	169.4	
棕榈油	配额量（万吨）	240	260	270	316.8	
	实际进口量（万吨）	222	332	385.7	433	
菜籽油	配额量（万吨）	87.89	101.86	112.66	124.3	
	实际进口量（万吨）	8	15	36	17.8	
	国营贸易比例（%）	34	26	18	10	
	配额内税率（%）	9	9	9	9	
	配额外优惠税（%）	52.4	41.6	30.7	19.9	

资料来源：《中华人民共和国进出口关税税则》（2002~2005），《海关统计月报》。

以菜籽油为例，菜籽油的进口配额 2002 年为 87.89 万吨，2005 年增长到 124.3 万吨。配额内关税率为 9%，配额外关税率将由 2002 年的 52.4% 降低到 2005 年的 19.9%。发放给国营贸易企业的配额比例 2002 年为 34%，到 2005 年降低到 10%，也就是说，分配给非国营的份额将从 2002 年的 66% 增加到 2005 年的 90%。2006 年 1 月 1 日以后取消关税配额制度，改为单一关税。

植物油在入世过渡期间实行了统一 9% 的关税，同时采用进口配额管理。在这几种植物油中，只有棕榈油在 2003 年到 2005 年进口量超过配额量。国内对棕榈油的进口需求逐年增加。

3. 第三时期：市场放开时期（2006 年至今）。市场放开时期，中国对菜籽油、棕榈油、豆油的进口实行 9% 的进口关税。国家对植物油的进口控制也实现由关税配额和进口国营贸易管理向自动进口许可管理转变。由食品土畜进出口商会、植物油行业协会和外商投资企业协会组成进口协调组，汇总企业意见，议定了进口企业资质标准和申报程序，申请自动进口许可证的菜籽油进口企业必须满足以下资质标准：对于贸易型企业，要求注册资金在1000万元以上，年销售额在2亿元以上，且近3年进口植物油在3万吨以上；对于生产型企业，则要求注册资金在5000万元以上，年销售额在1亿元以上，其中食品生产企业3000万元以上。

棕榈油是中国进口量最大的植物油，对棕榈油进口影响较大的是关税配额。2003年，中国棕榈油进口配额量是260万吨，实际进口量是332万吨；2004年，配额量是270万吨，实际进口量是385.7万吨。造成中国棕榈油大量进口的主要原因是国内植物油需求旺盛，棕榈油相对其他植物油而言价格低廉。2005年，马来西亚24度棕榈油口岸最高价格为430美元/吨，最低价格仅为360美元/吨，而同期美国毛豆油口岸价格在490~560美元/吨之间，加拿大菜籽油口岸价格在560美元/吨以上。通过比较，棕榈油在进口价格上具有明显的优势。对于国内食品加工业而言，从成本利润上考虑，更愿意使用棕榈油。另外，从居民消费的角度来看，由于棕榈油的熔点比较高，受消费偏好的影响，一般居民很少购买棕榈油食用，但在城乡粮油批发市场上植物油销售中，或者色拉油的加工过程中，为了获得更高的利润，销售商在大豆油、菜籽油等植物油中少量勾兑棕榈油。一般在5~10月之间，是棕榈油消费需求的高峰期。

加入世界贸易组织以来，中国油料和植物油产业还是受到了很大冲击。开放最早的大豆产业，到现在为止已经出现很多问题，国外大豆大量进入市场，大豆生产者受到很大影响。在入世过渡期，政府对几种主要的植物油采取了关税配额制度，但是关税配额外进口是比较少的，只有棕榈油在一些年份存在配额外进口现象。市场完全放开之后，棕榈油的进口预计将会有更进一步的增加。其他油料和植物油的进口预计也会增加，油料和植物油产业将受到更进一步考验。2006年中国加入世贸组织过渡期结束后，全面放开了油料油脂市场。①

① 资料来源：布瑞克咨询。

自 测 题

一、选择题

1. 目前，我国棕榈油在三大油脂进口总量中的比重已经接近(　　)。

A. 60%　　B. 70%

C. 80%　　D. 90%

2. 我国进口的棕榈油主要来自(　　)，每年从上述两国进口棕榈油占全部棕榈油进口量的比重一直在97%左右。

A. 泰国　　B. 马来西亚

C. 印度尼西亚　　D. 美国

3. 目前，我国棕榈油进口港较为集中，其中(　　)为主要的三大进口港。

A. 天津港　　B. 张家港

C. 黄埔港　　D. 日照港

4. (　　)周边地区不但是我国棕榈油的主要进口、贸易集散地，而且大型的棕榈油加工企业也主要集中在这些地区，拥有足够的棕榈油加工、储存能力。

A. 天津　　B. 上海

C. 青岛　　D. 广州

二、判断题

1. 我国进口棕榈油以19~24度为主，44~56度棕榈油进口量在减少。(　　)

2. 棕榈油的熔点比较高，消费具有一定的季节性，夏季消费量比较大，冬季较小。(　　)

3. 我国棕榈油的消费以食用为主，其中24度精炼棕榈油为主要品种，占据的市场份额在60%以上。(　　)

参考答案

一、选择题

1. B　　2. BC　　3. ABC　　4. ABD

二、判断题

1. √　　2. √　　3. √

第五章 棕榈油价格影响因素

【本章要点】

除了供应及需求因素对于商品价格的影响之外，全球经济一体化的趋势、相关商品间的相互替代作用、世界主要货币汇率的变化、投机基金对于商品价格的炒作及变化不定的气候等不确定因素均会对商品的价格产生不同程度的影响，对于集中生产、全球消费的棕榈油来说，以上因素的影响不容小视，而以上诸因素对于完全依赖进口的我国棕榈油市场的影响更是不言而喻。本章在分析供需基本状况对棕榈油行情的影响尤其是对国内市场影响的基础上，就相关油脂、原油、美元汇率、投机基金炒作、人口变化、收入水平及多变的气候对这一品种行情的影响进行了基本阐释，为投资者正确解读棕榈油行情、探寻相关商品间套利交易提供思路。

一、分析棕榈油价格变化的方法有哪些?

能够正确分析和预测棕榈油期货价格的变化趋势，是参与棕榈油期货交易成败的关键。那么如何分析和预测棕榈油期货的价格走势呢？目前，进行这种分析和预测的方法有很多，不过基本上可划分为基本因素分析法和技术面分析法两种。

基本因素分析法指根据商品的供给和需求关系以及影响供求关系变化的种种因素来预测商品价格走势的分析方法。期货交易是以现货交易为基础的，期货价格与现货价格之间紧密相连。商品供求关系及影响供求关系变化的种种因素对现货市场商品价格走势产生重要影响，必然也会对其对应的期货价格产生重要影响。

基本因素分析法主要分析的是商品的供给关系，商品供求状况的变化与价格的变动是互相影响、互相制约的。一方面，商品价格的变化受供给和需求变动的影响，供大于求，价格下跌，供小于求，价格上涨；另一方面，商品价格的变化又反过来对供给和需求产生影响，价格上升，供给增加，需求减少；价格下降，供给减少，需求增加。这种供求与价格互相影响、互为因果的关系，使商品供求分析更加复杂化，即不仅要考虑供求变动对价格的影响，还要考虑价格变化对供求的反作用。

用基本面因素分析法预测棕榈油的价格走势，就是要分析棕榈油的供给和需求状况，分析影响供求变化的影响因素，供求变化情况等。

技术分析法是通过对市场行为本身的分析来预测市场价格的变动方向，即主要是对期货市场的交易状态，包括价格变动、交易量和持仓量的变化等资料，按照时间顺序绘制成图形，或形成一定的指标系统进行分析，以预测期货价格走势的分析方法。

技术分析之所以能够预测期货价格走势，主要基于三项市场基本假设：一是市场行为包容和消化一切，即影响价格、交易量等市场行为的所有因素最终必定要通过价格、交易量等市场行为反映出来，因此只要研究市场行为就能了解目前的市场状况，而无需关心其背后的影响因素。二是价格呈趋势变动，即价格虽然上下波动，但终究朝一定的方向前进，直到有反转的现象产生为止。趋势概念是技术分析的核心，研究价格图表的意义，就是要在一个趋势发生发展的早期，及时准确地把它揭示出来，从而达到顺着趋势交易的目的。三是历史会重演。自期货市场产生以来，期货投资就是一种追求利润的行为，因此在这种心理状态下，期货市场上的交易行为会趋于一定的模式，从而导致历史重演。过去的价格变动形式，在未来还会出现，通过研究可以发现许多规律，便于未来价格走势的把握。

通过技术分析法预测棕榈油的价格走势，就是通过分析棕榈油期货合约的价格走势图以及成交量和持仓量的变化情况等，预测棕榈油未来的价格走势。

二、基本面发生变化对棕榈油价格的影响是怎样的?

投资者在进行棕榈油期货买卖之前，第一步要做的可能就是要对基本面供需状况进行分析。其实，任何金融投资市场都离不开基本面分析，对于完全依赖进口的棕榈油也不例外。假如缺乏基本面分析，投资者根本不可能知道现货基本面的现状，了解不到棕榈油现货市场处于供大于求还是求大于供的格局，市场投资环境是否过热，现在应该入市还是离市，仅凭借技术分析就盲目入场是不可取的。基本面供需状况是影响棕榈油价格变化的根本原因。因此，投资者有必要对其加深了解和分析，尤其当发生突发性事件扭曲价格时，投资者才能做到心中有数，遇事不慌，避免心态及思路发生较大变化，进而影响到投资收益。

全球植物油供需状况是影响国际市场棕榈油价格变化的根本原因。1986～2004 年,国际市场棕榈油价格出现几次大幅上涨行情都是因为当年全球油脂油料产量大幅下降，导致棕榈油和其他植物油供应偏紧而引起的，随着油脂油料产量的增加，供应状况好转，价格都出现了快速下跌。

【案例 5－1——国际棕榈油价格历史回顾】

1986 年全球油籽丰产，油脂油料供应过剩，导致包括豆油在内的所有植物油价格受到压制，棕榈油价格出现阶段性低点。1988 年和 1994 年，全球出现了厄尔尼诺和拉尼娜等恶劣气候，影响了全球植物油产量，棕榈油出现两次规模较大的上涨行情，价格上涨基本上都是从800林吉特/吨以下上涨到1700多林吉特/吨。1998年由于全球遭遇灾害性天气，油籽产量大幅下降，植物油供应紧张，而需求却在不断增加，导致棕榈油价格达到历史性高点2600林吉特/吨。2003~2004年受全球油籽产量因灾大幅下降的影响，棕榈油价格再次出现一次上涨行情，马来西亚棕榈油价格最高达到2000林吉特/吨。2009年上半年，由于《油世界》预计2008/2009（10月/9月）年度全球棕榈油供应存在20万吨的缺口及马来西亚棕榈油供应出现偏紧格局影响，棕榈油价格迎来了自金融危机暴跌之后的强劲反弹行情，棕榈油价格的连续飙升直接引爆了全球植物油市场的火暴上扬行情。

【案例5-2——我国棕榈油价格历史回顾】

我国棕榈油供应完全依赖于进口，国际市场棕榈油价格走势是影响国内价格变化的主要因素。国内棕榈油进口量变化、季节性需求以及豆油、菜籽油、花生油、棉籽油等替代品的价格变化也是影响国内棕榈油价格的重要因素。2001年10月至2004年10月，国内24度棕榈油价格由3390元/吨上涨至6307元/吨，涨幅达到86%；此后，展开震荡下跌行情，从2004年3月的6293元/吨下跌至2005年2月的4195元/吨，跌幅达33%；经过1年多的盘整之后，国内棕榈油价格从2006年4月的4150元/吨开始上涨，到2008年3月初价格一度达到13000元/吨，累计涨幅达到213%；从2008年3月中旬国内棕榈油价格开始大幅下跌，2008年12月份一度跌至4250元/吨，跌幅达67%；经过长达四个多月的震荡筑底之后，在马来西亚棕榈油供应出现趋紧提振下，国内棕榈油价格从2008年12月9日创出低点4468元/吨之后开始上涨，进入4月份消费旺季之后，棕榈油更是一路飙升至2009年6月2日的7256元/吨，涨幅高达62.4%。

三、参与棕榈油期货，如何巧用棕榈油季节性规律?

一般情况下，商品自身供求关系决定其长期走势，而季节性因素则决定商品价格的中短期走势，普遍表现为以下两点：在供求趋紧或者消费旺季时，价格表现强势；在供求充裕或者消费淡季价格维持弱市。对于棕榈油主产国而言，棕榈油产量呈现明显的季节性规律。具体表现为，产量丰产月通常出现在每年的9~11月，低产月通常出现在每年的1~3月。在棕榈油出口保持正常水平下，产量的季节性直接导致了库存的季节性。一般来说，每年的11月至次年4月这段时间，马来西亚棕榈油库存呈现季节性下滑态势。此时间段内，大马交易所毛棕榈油期货价格呈现阶段性上涨走势，尤其在每年2月份，往往是毛棕榈油期货价格出现年内高点的月份。而每年的4月至11月这段时间，马来西亚棕榈油库存呈现季节性回升态势。此时间段内，大马交易所毛棕榈油期货价格呈现季节性回调走势，尤其在每年第三季度，往往是毛棕榈油期货价格出现年内低点的几个月份。对参与棕榈油期货的投资者而言，了解棕榈油生产的季节性规律变化显得尤为重要，但需要投资者注意的是，在供需关系趋于稳定平衡格局下，季节性规律则表现得最为明显，但一旦供求失衡或者宏观面发生较大变化（例如2010年的希腊债务危机引发金融市场动荡时，棕榈油期货价格短时间脱离基本面的影响）时，棕榈油的季节性规律则表现得不明显。图5－1是马来西亚棕榈油月度库存量变化趋势。

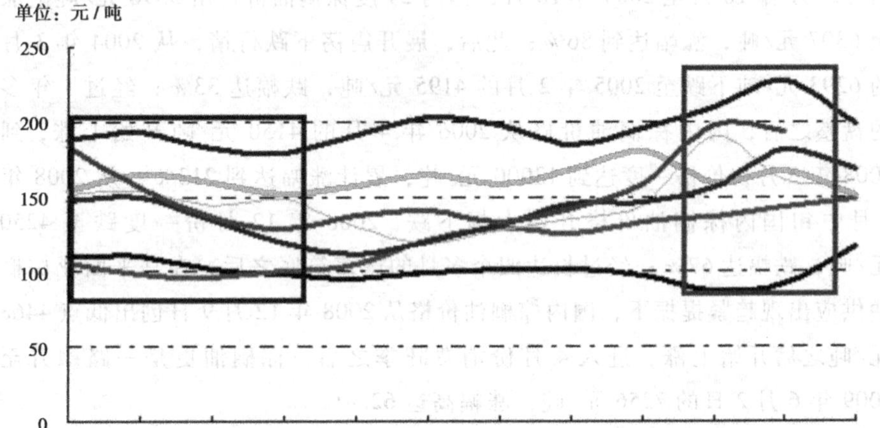

图5－1　马来西亚棕榈油月度库存量变化趋势

数据来源：MPOB、鲁证期货研究所。

四、基本面分析和技术面分析哪个更有效?

对于基本因素分析法和技术分析法的优劣之争由来已久，但一直没有真正的胜负之分，可以说是公说公有理，婆说婆有理。

基本因素分析集中考查导致价格涨跌的供求关系，而技术分析主要研究市场行为。无论是基本因素分析还是技术分析，都试图解决同样的问题，即预测价格变化的方向，只不过是着眼点不同而已。基本因素分析法追究市场运动的前因，而技术分析则认为市场行为包容一切，研究其后果。

为了正确理解基本因素分析法和技术分析法，我们可以做一个形象的比喻。我们将市场比作水，我们知道水善变，可以以各种形态存在，江河湖海、冰霜雨雪都是水，却各有各的形态。同样，市场也变化多端，很多时候让投资者无所适从。然而，水的形态无论怎么变，但有一点是共同的，即在地球重力的作用下，“水往低处流”。同样，市场变化莫测的背后也统统都是供求规律的作用。供求规律就像万有引力定律，而水的周围环境，例如地形、地质结构、地质成分、气温等方面因素对应于市场信息。我们把市场比作水，投资者就是游泳的人，技术分析就好比水性，游泳高手们在水中轻松自如，是因为他们熟知水性。当然，水性再好的人也会呛水，在入水前也要对水域的具体情况，比如杂草、淤泥以及天气状况等进行充分了解。

基本因素分析法和技术分析法没有绝对的孰优孰劣之分，也没有纯粹的技术分析者或基本因素分析者。在技术分析时，已经包括进了一部分基础性信息，技术派不会拒绝市场信息，基础派也不会无视市场的走势。基本因素分析法和技术分析法从未完全脱离过，只不过是每个人的侧重点和投资手法不同而已。

当今世界有两大炒股大师，一位索罗斯，一位巴菲特，他们从某种程度上代表两个分析派的特点，索罗斯作为投机主义者，投资风格倾向于运用技术分析，巴菲特作为战略投资者，投资风格倾向于基本面的分析。两位大师巨大的成功，均充分表明两种投资策略在实际操作中都能取得成功。

五、相关替代品市场变化是如何影响棕榈油价格的?

自从人们对自身健康问题日益关注以来，动物油脂逐渐失去竞争力，植物油逐步取代动物油脂成为全世界油脂的主要来源，其重要性不断增加。而自 2005 年至今，棕榈油凭借其在植物油上最大的产量及消费量连续保持领头羊地位。尽管棕榈油在油脂市场中处于领先的地位，但由于棕榈油期货上市时间比较短，由于与豆油、菜籽油等植物油之间具有很好的替代性，尤其被视为豆油的良好替代品。因此，豆油、菜籽油等植物油的走势往往会影响棕榈油价格的变动。基于它们之间不平衡的供需情况，棕榈油和其他植物油的价格正朝着不可预测的方向无规律地运行着，或者上涨或者下跌（见图 5－2、图 5－3）。然而，从历史统计数据来看，有一个因素是共同的，那就是波动方向上趋于一致，只是波动幅度有所不同而已。下面我们将重点从豆油、菜籽油市场的变化入手浅析它们对棕榈油期货市场的影响。

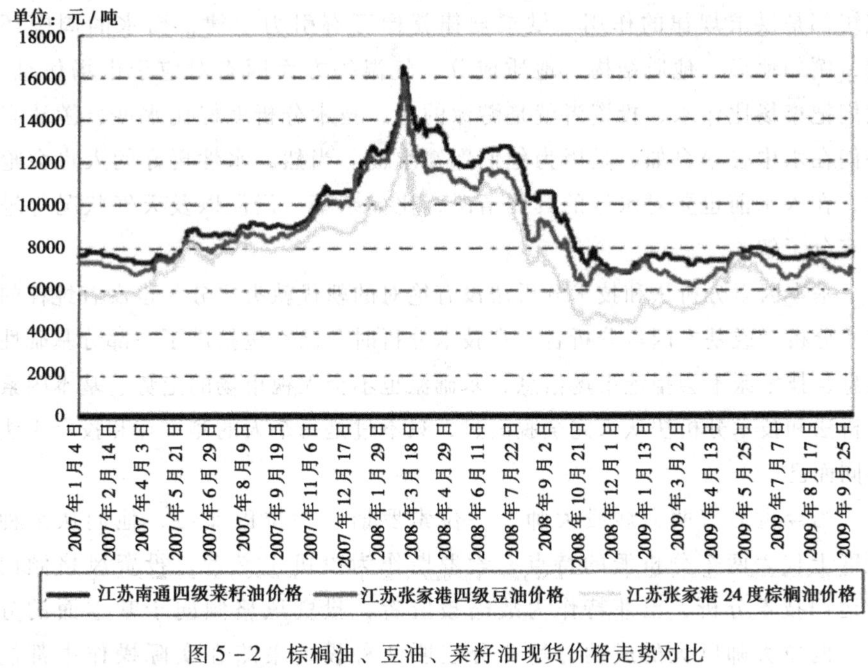

图 5－2　棕榈油、豆油、菜籽油现货价格走势对比

数据来源：易盛信息数据库、鲁证期货研究所。

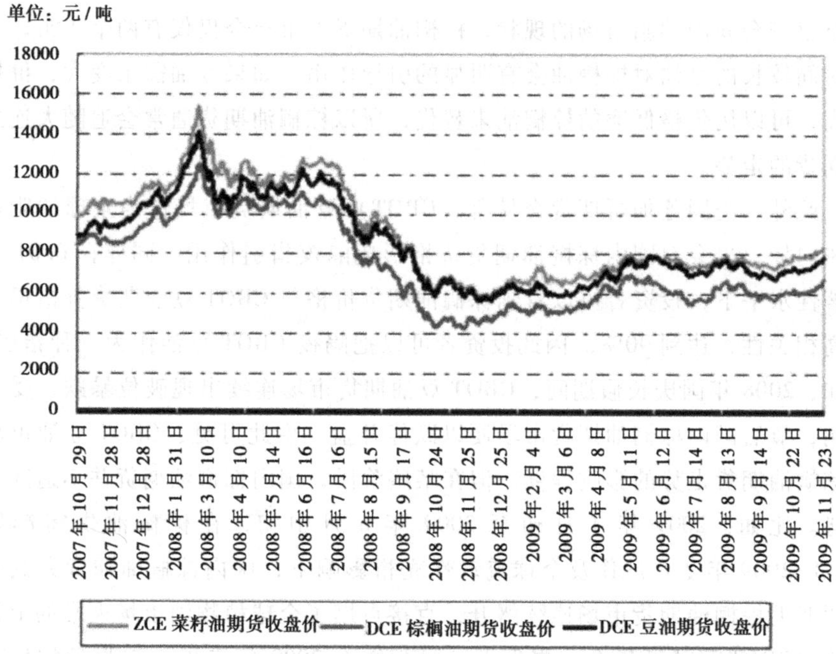

图5－3 棕榈油、豆油、菜籽油期货价格走势对比

数据来源：文华财经、鲁证期货研究所。

（一）豆油

在全球三大油脂中，豆油通常是领导者，因为在2005年之前，其产量曾一度最高，而且在国际油脂市场上豆油的贸易情况也会对其他油脂具有指导作用，当然这也包括棕榈油。从历史统计数据定量来看，24度棕榈油（棕榈油期货交割标的）低于豆油已经成为一种传统。在过去的10年里，只有两个月（2007年5月和6月），24度棕榈油价格高于豆油，在其他月份，豆油与棕榈油的价差大体维持在50～150美元/吨之间。因此，棕榈油相对于其他替代品而言，价格略微偏高，但豆油价格更高。从图5－2、图5－3上可以直观地看出，棕榈油价格与豆油价格在走势上非常吻合。从历史统计数据定量来看，24度棕榈油（棕榈油期货交割标的）和豆油的相关度更高一些，运用SPSS统计软件，在0.01的显著性水平下，投资者可以得到棕榈油现货价格与豆油现货价格的相关度为93%，棕榈油期货价格与豆油

期货价格相关度高达95.4%。棕榈油价格和豆油价格具有高度的相关性，这点也符合我国油脂市场的现状，棕榈油期货上市至今仅仅有两个年头，上市时间较长的豆油对棕榈油会有明显的引导作用。如果豆油需求变大，价格升高，可以用价格低廉的棕榈油来替代，所以棕榈油期货通常会追随大连豆油期货的走势。

此外，美国芝加哥期货交易所（CBOT）豆油期货市场作为全球油脂市场风向标，也会对国内棕榈油期货价格形成隔夜指引作用。同样在0.01的显著性水平下，投资者可以看到棕榈油期货价格与CBOT豆油期货价格仍有较高相关性，达到90%。因此投资者可以把隔夜CBOT豆油作为一种指引。例如，2008年国庆长假期间，CBOT豆油期货市场连续出现破位暴跌，受其影响，节后国内棕榈油期货市场便以跌停开盘。由此可见，CBOT豆油市场对棕榈油期货走势的影响程度。但在某些阶段，国内棕榈油期货并不追随其走势。比如，2009年4月初至2009年6月中旬，在棕榈油供需趋紧（2008/2009年度）炒作及全球流动性充裕影响下，国内棕榈油期货尤其马来西亚毛棕榈油期货市场连续飙升，直接点燃了全球植物油市场火暴的上扬行情，CBOT豆油期货在此提振下，也相继在2009年走出一波强劲的反弹行情。综上所述，我们可以把CBOT豆油市场走势拿来当做一种参考，但在某些阶段不可过分依赖CBOT豆油走势，棕榈油期货价格走势的最终预测仍需结合自身基本面情况以及其他因素进行综合判断。

（二）菜籽油

相对于上市较长的豆油而言，由于菜籽油期货上市比较短，其对棕榈油期货的影响远没有豆油大。但从图5－2、图5－3直观走势来看，棕榈油期、现货与菜籽油期、现货的走势也具有很强的联动性。用EVIEWS统计软件分析可以得出，棕榈油期货价格与菜籽油期货价格相关度为98.8%。由于生产成本高企，菜籽油价格一直高于棕榈油及豆油的价格。尽管菜籽油价格走势并未像豆油对棕榈油期货起到关键的指引作用，但在某些阶段往往也会左右棕榈油价格的运行趋势。例如，1986年，在全球油菜籽丰产，尤其是美国大豆丰收利空打压下，棕榈油价格出现近20年以来的阶段性历史低点。2008年2月份，中国新年期间发生的雪灾，市场传来因雪灾影响油菜种植面积40%被毁，极大地增加了美国豆油和大豆的出口预期。于是，

CBOT 豆油期货市场及马来西亚毛棕榈油期货市场应声而起，国内棕榈油期货指数也受其影响一路飙升，并于 2008 年 3 月 4 日创出上市以来历史高位 12510 元/吨。

相关系数

相关系数在实际中应用非常频繁，它是反映随机变量之间相依性的一个统计量，而用得最多的便是线性相关系数。

设(X, Y)是一个二维随机向量，X 和 Y 的方差均存在，且均为正，则(X, Y)的线性相关系数为：$\rho(X, Y)=\frac{Cov(X, Y)}{\sqrt{Var(X)}\sqrt{Var(Y)}}$

其中，$Cov(X, Y)$为 X，Y 的协方差，$Var(X)$，$Var(Y)$分别为变量 X 和 Y 的方差。线性相关系数 ρ 是描述随机变量之间相依性的一种最常用的统计方法，其在椭球类分布中是一种普遍的测量手段，计算方便且直观。

六、原油期货波动对棕榈油价格的影响是怎样的？

原油自西方工业革命之后，充当现代工业社会运行血液的重要战略物资，它在国民经济各部门中有着广泛的用途，被誉为“黑色的金子”、“工业的血液”，现在已经成为政治、经济、军事、外交关系的重要筹码。原油不同于一般的商品，是一种蕴藏于地下的不可再生的能源矿产，目前无法通过人工合成来生产。它的不可再生性及面临日益枯竭，决定了其未来价格的高企。作为全球大宗商品“领头羊”的原油，可以说牵动着整个商品市场运行的命脉，作为大宗商品之一的棕榈油也难脱离其走势影响。尤其在面对日益枯竭的原油及寻找可再生的环保新能源，棕榈油作为生物质能源的原料越来越被重视，成为生产生物柴油最有力的竞争者之一。究其原因在于棕榈油是世界上最经济的植物油，与其他油料作物相比，油棕果及油的产量均最高。棕榈油自身所具有的能源属性使其在走势上往往与原油保持步伐一致。

原油作为工业的血液，其需求量日益增加或者中东地区的地缘政治因素导致供油不畅，使得国际原油呈现求大于供的局面时，原油价格会出现稳步盘升的技术形态。一般来说，国家原油价格高于 80 美元/桶之后，棕榈油被用于生产生物柴油存在利润点的时候，国际原油走势在某些阶段会左右棕榈油期货价格。当原油价格持续盘升的时间周期超过了一个国家的战略储备期时，原油就逐渐对经济的发展形成负面影响。原油价格的大幅度上涨会致使经济患上高血压，此刻，原油继续上涨会显示乏力，存在深度回调的可能性加大。原油的深度回调在很大程度上将对具有能源属性的棕榈油价格形成打压。当然，在美元不断贬值及全球通胀压力犹存的时候，投机基金为规避风险，把大量资金投向原油等商品期货市场，对国际原油价格的上涨也会起到推波助澜的作用，从而达到投机获利的目的。棕榈油期货与原油期货在走势上存在一定的正相关性，但其相关程度又呈现复杂多变的态势。

（一）高油价促进新能源需求，引发棕榈油期货上涨

自 2007 年以来，纽约商业交易所原油期货自 50.4 美元/桶上涨至 2008 年 7 月中旬的 147.25 美元/桶历史高点，涨幅高达 192%。原油价格的大幅度上涨加大了世界各国对可再生能源的开发力度。使用棕榈油作为原料生产的生物柴油作为可再生能源，不仅污染物排放少，而且可以替代车用柴油和燃料用油，成为原油理想的替代品。数据显示，2004 年全球生物柴油产量仅为 250 万吨左右，而且 80% 集中于欧盟地区。最近几年全球植物油主产国及生物柴油消费国（美国、巴西、阿根廷、马来西亚和印度尼西亚、德国、法国）都在大力发展生物柴油产业，使得生物柴油生产能力快速提高。2008 年德国生产了 280 万吨生物柴油，成为全球最大的生物柴油生产国，后面按产量依次为美国（230 万吨）、法国（180 万吨）、巴西（102 万吨）、阿根廷（96 万吨）。严峻的国际能源局势对生物燃料产能的提高的需求越来越大。美国政府为生物燃料的发展制定了远大的目标，希望在 2017 年将传统汽油的使用量减少 20%，并使生物燃料占美国交通用燃料总消耗量的 5%。欧洲也计划，到 2020 年时，交通用燃料中有 10% 来自于生物燃料。FACTS 国际能源集团经济学家 Jeff Brown 说，由于全球能源需求提高，人们只得不理会这些不利影响，继续依赖这些生物燃料，否则唯一的选择就是高价原油。生物能源的大规模开发应用改变了全球油脂的需求结构，全球生物柴油产量的快速增加及油价的进一步上涨将加速油脂的需求，从而带动棕榈油价格上涨。例如，2007 年 10 月 29 日至 2008 年 3 月 4 日，在生物柴油能源属性炒作下，国际原油的一轮强势上涨引领大连商品交易所棕榈油期货指数由上市初的 8592 元/吨一路飙升至历史性高点 12510 元/吨。

（二）原油与棕榈油价格或也背离

尽管棕榈油期货价格与国际原油期货走势上大体呈正相关性，但需要补充的是，这种同方向正相关变动的现象并非绝对，有时也会出现背离的情况。例如，自2001年7月以来，美元的持续贬值以及全球通胀压力促使投机基金为规避风险，把大量资金投向原油等大宗商品期货市场，对国际原油价格的上涨起到了推波助澜的作用。2008年4月初至2008年7月中旬，纽约商业交易所原油期货连续合约经过短短3个多月时间，由99.55美元/桶一路飙升至令人瞠目的历史高位147.25美元/桶。而此时，尽管国际原油出现飙升并达到历史高位，但在中国菜籽产量增加、大豆播种面积大幅度扩大，以及美国大豆播种面积较2007年可能增加13%的利空打压下，大连棕榈油期货并未追随原油再次飙升，而是维持在10000元/吨附近震荡整理。

综上所述，从历史统计数据来看，棕榈油期货与原油期货的波动存在一种非确定数字比例的正相关关系。尽管在某些阶段，两者在走势上会出现短时间的背离，但我们可以通过原油价格的涨跌，结合当时的主导因素，比如棕榈油自身供需基本面变化等，来判断棕榈油期货价格的走势。

七、美元走势对棕榈油价格的影响大吗？

（一）棕榈油期货与美元在走势上呈现负相关

作为全球大宗商品“指挥棒”的美元走势备受投资者关注，之所以分析美元走势，究其原因，在于美元走势大体上与大宗商品走势具有很强的负相关性。而棕榈油作为大宗商品中的一员，自然难逃美元这座“五指山”。美元是国际棕榈油市场上的计价货币，因而与棕榈油期货呈现负相关性。具体表现为，假设棕榈油自身内在价值没有变动，美元上涨，那棕榈油在价格上就表现为下跌；反之，美元下跌，棕榈油在价格上就表现为上涨。

自2007年10月29日大连商品交易所棕榈油期货上市至今的历史统计数据来看，美元与棕榈油期货呈现几乎完全相反的走势。因此，美元走势的分析对于投资者参与棕榈油期货便显得尤为重要。尤其在2009年3月4日，美元创出自2006年4月13日以来新高89.62之后再次步入贬值下跌通道。面对百年不遇金融危机的冲击，美国有望继续保持宽松的财政政策与货币政策，这或将使得美元踏上漫长的贬值之路。

（二）美元为何贬值

美元贬值是一个十分有趣的问题。要解答这个问题，我们首先要明确汇率的决定因素。从理论上说，一国货币汇率的走势应大体反映该国经济相对其他经济体的地位的变化。但实际上，影响汇率的因素是极为复杂的。因此，从历史上看，即使是在较长的时间段里，一国货币汇率与其经济的基本面关联也常常并不大。例如，日本经济自1989年泡沫破裂后，其经济体在国际的地位是下降的，但日元的汇率总体上是在上升，从大约150日元/美元，上升到90多日元/美元。那么在错综复杂的众多因素中，汇率问题最终应由什么来决定呢？实际上它取决于美元国际市场上的供与需的力量对比，因为美元的汇率是美元与其他货币之间的兑换比价。而决定美元国际市场上供需的最主要因素有，美国国际贸易情况、美国的国际资本流动情况以及美元的国际储备地位。

首先，美国贸易逆差，意味着美元的国际供给增加；资金净流出美国，也意味着美元的需求减少。长期以来，美国的低储蓄、高消费的经济结构导致了美国巨大的贸易逆差。尽管美国的贸易逆差在金融危机发生后迅速缩小，但是，美国是石油的净进口国，原油价格的长期上涨趋势必将影响美国的贸易逆差情况。同时，近期美国贸易逆差下降，主要原因是经济衰退导致进口下降，而出口形势相对较好。但经济学家预计，随着美国经济复苏，未来几个月贸易逆差可能上升。长期来看，美国的贸易逆差很难扭转。

其次，美国的国际收支状况不佳。在各经济体努力恢复生机、投资者将资金投入风险更高的投资产品以获得更高回报之际，美元2009年第三季度进一步走软。第三季度，美元兑欧元跌4.1%；兑日元跌6.8%，美元指数下跌6.9%。由于美国政府向经济注资的努力已经使美元贷款利率异乎寻常的低，而同时美国资产的回报率微不足道。于是交易员借入美元，买进以其他货币计价的收益更高的投资产品，也就是所谓的融资套利交易，融资套利交易往往会压低借入的货币的汇率。由于美国利率处于历史低位，且美联储承诺未来一段时间内不会升息，促使投资者在套息交易中卖出美元，自9月以来美元指数已下滑2.1%。目前，美元甚至已经取代传统融资货币日元成为主要融资货币，因3个月期美元伦敦银行同业拆息利率已经降至纪录新低，甚至低于3个月期日元利率。尽管美国政府口头上一直在强调“强势美元”，但是出于提振本国出口的目的，他们宁愿导演一场“逃离美元的运动”。像巴菲特这样的投资者担心，美国不断膨胀的负债和非传统性的政策可能会引发通货膨胀，侵蚀投资者在美国国债等固定给付资产上的回报，进而破坏投资者对美元的信心。实际上，私人资本流入美国的资金在2006年中期已经开始减少，到2007年中已经是净流出了。也就是说，私人部门在美国经济高峰期，或房地产泡沫最大时，开始撤离美国。只是由于官方资金在此期间大量流入美国使美元暂时避免了危机。

另外，美元的国际储备地位遭到打击。全球第三大外汇交易商巴克莱资本日前表示，各国央行正在更加积极地热衷美元之外的外汇储备多元化。巴克莱对国际货币基金组织9月30日公布的数据分析后指出，第二季度经汇率调整后，各国央行积累的外汇储备达1150亿美元，其中美元占比达37%，欧元占比达52%。这是自欧元1999年问世以来，在新累计1000亿美元或更多的外汇储备中，美元的市场份额首次低于40%。这显示外国央行“越来越不情愿”持有美元作为外汇储备，而是转向持有其他货币。特别是新兴市场的各国央行似乎比过去更积极地将美元储备转至10国集团中其他国家的货币，这可能使得美元的压力越来越大。

综合来看，未来一段时间内，美国的贸易逆差不会大幅增加，资金也不会从美国大幅流出，但美国的国际收支状况也不会有明显改善，虽然不会急剧恶化，但存在恶化的趋势。因此，美元在长期内可能会在波动中缓慢贬值。

美元指数

通常我们分析美元走势的工具是美元指数，它显示的是美元的综合值，类似于显示中国上海A股综合状态的上证指数，是一种衡量各种货币强弱的指标。美元指数是综合反映美元在国际外汇市场的汇率情况的指标，用来衡量美元对一篮子货币的汇率变化程度。它通过计算美元和选定的一篮子货币的综合的变化率，来衡量美元的强弱程度，从而间接反映美国的出口竞争能力和进口成本的变化情况。如果美元指数下跌，说明美元对其他的主要货币贬值，而全球大宗商品市场上商品大多以美元计价，所以商品价格与美元指数成较为明显的负相关性。美元指数期货的计算原则是以全球各主要国家与美国之间的贸易结算量为基础，以

加权的方式计算出美元的整体强弱程度，以100为强弱分界线。在1999年1月1日欧元推出后，这个期货合约的标的物进行了调整，从十个国家减少为六个国家，欧元也一跃成为最重要的权重最大的货币，其所占权重达到57.6%，因此，欧元的波动对美元指数的强弱影响最大。

美元指数权重：欧元为57.6%、日元为13.6%、英镑为11.9%、加拿大元为9.1%、瑞典克朗为4.2%、瑞士法郎为3.6%。

八、投机基金对棕榈油价格的间接影响是怎样的?

尽管供求基本面是决定商品价格运行的最主要影响因素，但商品期货作为基金投资的一种途径，投机基金的持仓兴趣对期货市场价格总能起到推波助澜的作用。尤其在投机基金多单（空单）连续增持态势下，相应期货品种价格则会出现相应的上涨（下跌）走势，而多空双方均出现增持（减持）状况下，期货价格出现振荡加剧的可能性很大。因此，投机基金的持仓变动将有利于投资者把握行情的走向。棕榈油期货由于上市时间比较短，其走势除了受马来西亚毛棕榈油期货市场影响外，还受到芝加哥豆油期货的指引。通过统计软件SPSS可以得到，它们之间的拟合度高达95%以上，所以芝加哥期货投机基金的持仓变动将会间接影响到国内棕榈油期货市场的变动。从金融历史统计数据来看，投机基金净多单占比与芝加哥豆油期货走势上具有很强的一致性，投机基金在豆油期货交易中的持仓上表现为频繁大量进出，并在不同的阶段对豆油期货走势造成不同程度的影响。受其及自身供需基本面影响，2007年10月29日大连商品交易所棕榈油期货自挂牌上市至2009年7月大体上走出了7波行情走势（见图5－4）。

第一阶段，2007年10月底至2008年3月初。这一阶段在全球油脂油料需求旺盛及中国春节期间发生雪灾导致供不应求及生物柴油能源属性炒作背景下，投机基金进入CBOT豆油期货市场疯狂做多，净多单占比一度达到28%（2007年12月4日）。在这阶段，投机基金净多单占比基本维持在10%以上，多头占据着绝对的优势，而相应的CBOT豆油期货指数可谓一路飙升，于3月3日上升至历史性高点71.18美分/磅，并引领大连商品交易所棕榈油期货指数由上市初的8592元/吨一路飙升至历史性高点12510

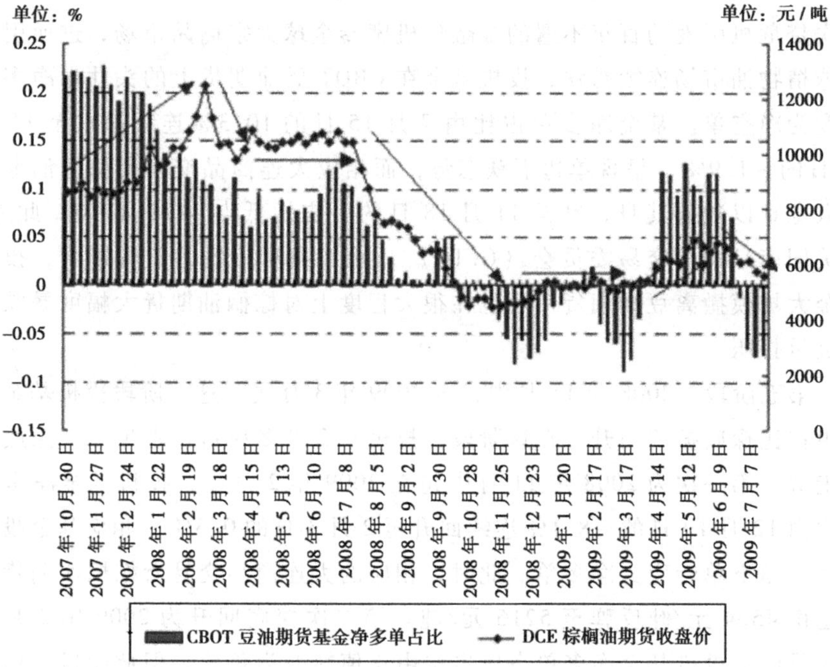

图 5-4 CBOT 豆油期货投机基金净多单占比与 DCE 棕榈油期货走势对比

数据来源：CFTC、鲁证期货研究所。

元/吨。

第二阶段，2008 年 3 月初至 2008 年 4 月中旬。在这阶段，受中国加大抛售植物油库存缓解市场供应带来的心理紧张及美国次贷危机波及，投机基金净多单出现大幅度减持。投机基金净多单占比由 3 月 4 日的 10.9% 迅速下滑至 5.9%。究其原因，经过前期疯狂非理性拉升之后，投机商认为期价已经过高，于是，引发 CBOT 豆油期货高位多头出现恐慌性抛盘，从而带动大连商品交易所棕榈油期货急速下跌。

第三阶段，2008 年 4 月中旬至 7 月中旬。此阶段市场处于多空因素交织，投机基金净多单占比变化不大，基本维持在 10% 左右振荡。但经过第二阶段大幅度下挫之后，CBOT 豆油期货并未追随投机基金净多单占比出现振荡盘整，而是走出振荡上扬态势。与之相关度高达 95% 之上的大连棕榈油期货则继续追随基金净多单占比走势振荡整理的幅度在 1000 元/吨左右。

第四阶段，2008 年 7 月中旬至 2008 年 11 月中下旬。在这阶段，由美国次贷危机引发的百年不遇的金融危机席卷全球大宗商品市场，进而引发全球植物油市场连续暴跌，投机基金在 CBOT 豆油期货上的头寸由净多单转变为净空单。基金净多单占比由 7 月 15 日的 10.3% 连续暴跌至 11 月 18 日的 -1.9%，呈现单边下跌态势，而相应大连商品交易所棕榈油期货指数也难以独善其身，跌至 11 月 18 日的历史性低点 4473 元/吨。此外，受美国商品期货交易委员会（CFTC）开始加强对市场的监管影响，投机基金大规模撤离豆油期货市场也在很大程度上对棕榈油期货大幅度暴跌形成沉重打压。

第五阶段，2008 年 11 月中旬至 2009 年 3 月底。这一阶段投机基金净多单占比探底振荡回升。在这阶段，投机基金净多单占比走出二次探底回升走势。第一次为 2008 年 11 月中旬至 2009 年 2 月初，投机基金净多单占比由 12 月 19 日的 -8.1% 连续回升至 2 月 3 日的 0.3%，相应基金投机头寸由净空单转变为净多单。此时，相应的大连商品交易所棕榈油期货指数也由 4564 元/吨反弹至 5216 元/吨。第二次探底回升为 2009 年 2 月初至 3 月底，投机基金净多单占比再次由正值转变为负值，但此阶段，棕榈油期货未受其影响，在自身内在价值因素支撑下，展开为期 4 个月的振荡蓄势盘整。

第六阶段，2009 年 4 月初至 2009 年 6 月中旬。在自身基本面供需趋紧（2008/2009 年度）炒作及全球流动性充裕影响下，投机基金多头再次卷土重来，对棕榈油期货上涨起到推波助澜的作用。投机基金净多单占比由 3 月 17 日的 -8.9% 连续强劲回升至 6 月 9 日的 11.6%，相应的大连商品交易所棕榈油期货终于突破前期历经 4 个多月的盘整区间，迎来了一波连续飙升的火暴行情。

第七阶段，2009 年 6 月中旬至 2009 年 7 月中旬。这一阶段投机基金净多单转变为净空单。经过前一阶段大幅度飙升后，受季节性因素影响，市场预计马来西亚棕榈油库存呈现稳步增长利空打压下，投机基金在 CBOT 豆油期货市场大肆减持多单的同时增持空单。投机基金净多单占比再次连续下滑至零值之下，相应大连商品交易所棕榈油期货出现一波深度回调走势。

读懂 CFTC 期货持仓报告

进行商品期货的资金分析，研究美国期货交易委员会（CFTC）持仓报告是非常重要的。美国商品期货交易委员会（Commodity Futures Trading Commission），简称 CFTC，美国的金融监管机构之一。CFTC 一般于美国东部时间每周五 15：30 公布当周二的持仓数据。网址为 http：//www. commitmentoftraders. com。报告对象涵盖原油、黄金、金属、农产品等大部分品种，数据来自芝加哥、纽约、堪萨斯城和明尼安纳波利斯的期货或期权交易所。持仓报告分为期货（Futures – Only）和期货与期权（Futures – and – Options）两种，通常所说的持仓报告是指前者。

我国棕榈油期货合约价格主要受 CBOT 豆油期货市场影响，而在对 CBOT 豆油期货价格走势进行分析时，需要关注 CBOT 豆油期货持仓报告，此报告揭示了基金等投资者在 CBOT 豆油期货市场上持仓数量及方向的变化，反映了不同市场主体对市场行情的看法，对中小投资者有重要的参考价值。下面，我们就 CFTC 持仓报告中的主要内容进行简单解读。

一是非商业持仓。一般认为非商业持仓是基金持仓，是 CFTC 持仓报告中最核心的内容，豆油具有农产品、工业品及金融三重属性。基金对豆油市场趋势的把握能力极强，善于利用各种题材进行炒作，并且它们的操作手法十分凶狠、果断，基金对豆油期货投入的资金变化更为频繁，往往能够明显加剧市场的波动幅度。因此，市场非常重视基金持仓的变化，不少分析人员及投资者将其作为影响行情的重要因素对待。

基金持仓分为多单、空单和套利，多单和空单都是指净持仓数量。比如某基金同时持有 2 万手豆油多单和 1 万手豆油空单，则其 1 万手的净多头头寸将归入“多单”，1 万手双向持仓归入“套利”头寸。而所谓的“净多”和“净空”就是指基金持仓中多单数量与空单数量之间的差额，“净多”或“净空”的变化对豆油价格影响较大，是分析豆油价格走势的关键因素。一般来说，“净多”数量与市场行情成同方向变动，豆油牛市行情分析“净多”数量变化；“净空”数量与市场行情成反方向变动，豆油熊市行情中分析“净空”数量变化。

二是商业持仓。一般认为商业持仓与现货企业有关，有套期保值倾向，其数量相对稳定。当大豆压榨企业、豆油贸易商等库存高企，而下游终端需求较差并且价格步入下跌通道时，它们需要在期货市场上进行卖出保值。

三是总持仓数量。总持仓数量分为多单和空单两项。总持仓多单 = 非商业多单 + 非商业套利 + 商业多单；空单 = 非商业空单 + 非商业套利 + 商业空单。总持仓反映了整个市场机构投资者多空力量的变化，反映了机构投资者投入到豆油期货市场的资金额度。

四是未报告头寸。未报告头寸是指“不值得报告”的头寸，即分散的小规模投机者。未报告头寸的多单数量等于未平仓合约数量减去可报告头寸的多单数量，空单数量等于未平仓合约数量减去可报告头寸的空单数量。未报告头寸反映了中小投机者对市场行情的看法。

九、人口增长变化对棕榈油价格影响是怎么样的?

人口增长是影响棕榈油供需状况的主要因素。这是一个众所周知的事实，即世界人口显著影响油脂（出口和国内）的消费。1993 年至 2006 年期间人口从 55 亿人增长到 66 亿人，在同一时期对油脂的需求由 11600 万吨增加至 17000 万吨。预计未来发展中国家和欠发达国家有更大的人口增长。首先，2009 年 8 月 12 日，美国人口咨询局公布的报告预测，世界人口将在 2010 年超过 70 亿人，而亚洲、非洲、拉美等发展中国家集中的地区仍为主要人口增长点。目前全世界 12 亿人青年人口中，90% 都生活在发展中国家和地区，因为未来发展中国家仍将是全球人口增长的主力，部分发展中国家的高生育率也将进一步突出人口增长不平衡现象，如一些非洲国家妇女平均生育六至七名子女，而在美国和加拿大，每名妇女平均生育一至二名子女。报告中还指出，美国和加拿大将成为发达国家中人口增长最快的国家，其中部分源于移民人口增长，而相对降低的出生死亡率也是两国人口增长较快的主要因素。报告预计，加拿大人口将在 2050 年以前达到 4200 万人，该国目前人口约为 3100 万人。报告中预测，在 2050 年以前，印度将成为世界人口第一大国，届时其人口将超过 17 亿人，而中国人口也将超过 14 亿人，美国以 4.39 亿人位居世界人口第三。另外，据联合国经济和社会事务部人口司发布的《世界人口前景》报告指出，到 2050 年，全球人口总数将从现在的

68 亿人增长到 90 多亿人，其中主要的人口增长来自于发展中国家。报告指出，发展中国家的人口将从 2009 年的 56 亿人增加到 2050 年的 79 亿人。同一期间，发达国家的人口变化不大，将由目前的 12.3 亿人增至 2050 年的 12.8 亿人。因此，世界人口的增长将推动油脂与脂肪需求稳步增长。从长远来看，棕榈油的消费仍然会随着全球人口数量的增加而增加，按目前全球人口每年净增加 7000 万人的趋势，对棕榈油的需求只会越来越大。而受制于绝对耕地面积减小、气候变暖加剧和灾害性天气增加的影响，仅依靠播种面积来提高棕榈油产量的困难越来越大，只有依赖于生物技术和农业科技的进步才能进一步明显提高产量。

以我国为例，目前我国大陆居民年人均食用油消费接近 20 公斤的世界平均水平，并且已经超过了日本年人均 16 公斤和韩国年人均 17 公斤的食用油消费量，但比起美国年人均 32 公斤的食用油消费量，我们仍然有一定的成长空间。以我国的人口来看，2008 年末，我国人口为 13.2802 亿，比 2007 年末增加 673 万人，而人口峰值则在 2020 ~ 2025 年出现。人口数量的增加率在逐渐缩减，单从人口数量来分析，我国未来食用油消费在 2020 年以前都会保持一个与人口增速相当的增量。

全球人口数量变迁

自人类诞生几百万年以来，世界人口规模增长的变化在绝大多数时间里基本上是波动徘徊在零增长左右，人口规模增长变化极其缓慢。工业革命以后世界人口的增长才恒定大于零，并进入稳步的增长期。1750 年世界人口估计为 6.5 亿 ~ 8.5 亿人，1850 年为 11 亿 ~ 13 亿人，1900 年为 16 亿人左右。进入 20 世纪特别是第二次世界大战以后，世界人口增速加快。第二次世界大战之后，广大的发展中国家纷纷走向独立与和平，成为引领世界人口增长的“领头羊”。1950 ~ 1960 年，世界人口的年平均增长率为 1.85% 左右，1960 ~ 1970 年世界人口增长率达到了最高峰，人口增长率一度超过了 2%，而发展中国家的人口增长率则更是高达 2.5%，达到了人类人口史上前所未有的高水平。20 世纪 70 年代中期以后，世界人口特别是占世界人口四分之一的中国积极推行了控制人口的政策，才使得世界人口的增长速度逐步放慢。1950 年世界人口达到 25 亿，1960 年世界人口达到 30 亿，2000 年世界人口已经超过 60 亿。世界人口在不到 40 年的时间，从 1960 年的 30 亿翻了一番达到了 60 亿，这 40 年成为人类人口史上人口翻番所用时间最短的时期。进入 21 世纪，世界人口

增速明显下降，21 世纪初期，世界人口的增速为 1.24%。联合国的方案预测，到 21 世纪 50 年代，世界人口还将继续增长，2050 年世界人口将预计超过 91 亿（见图 5-5）。

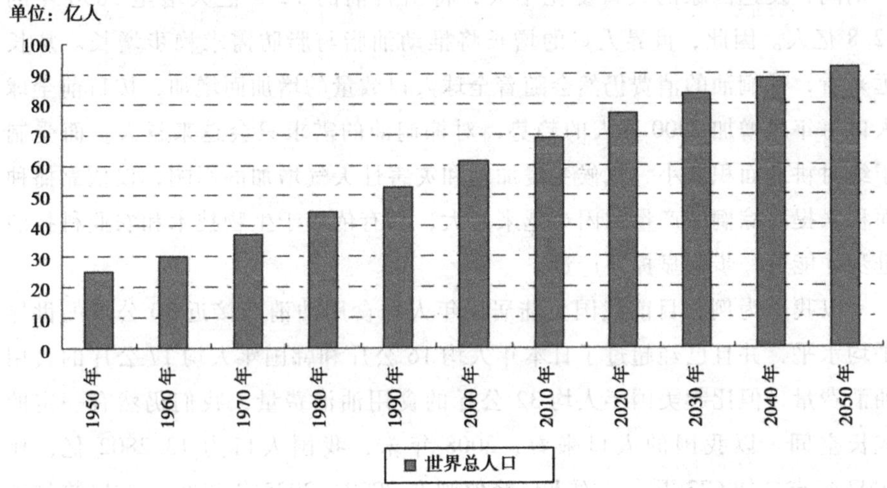

图 5-5　不同时期世界人口规模变化

数据来源：UN，World Population Prospects，New York，2007。

十、收入水平变化对棕榈油价格影响是怎么样的？

世界人口的收入水平会影响到未来棕榈油的需求格局，这将作为另外一个重要的因素。预计发展中国家人口收入增长将比发达国家更快。全球人口收入的提高将在很大程度上增加人均油脂消费量，尤其是棕榈油消费，这对棕榈油价格重心上移无疑起到很大的推动作用。

据世界银行发布的报告称，未来 20 年全球经济的实际规模将增长一倍，而发展中国家的总产出将增长两倍，其在全球经济产出中所占份额从 23% 提高至 33%。例如，以购买力平价计算，中国人均收入将从相当于高收入国家平均水平的 19%，上升至 42%。发展中国家人均实际收入的年增长率将达到 3.1%，乐观一点估计将达到 4.6%。图 5-6 是世界 GDP 历年走势。

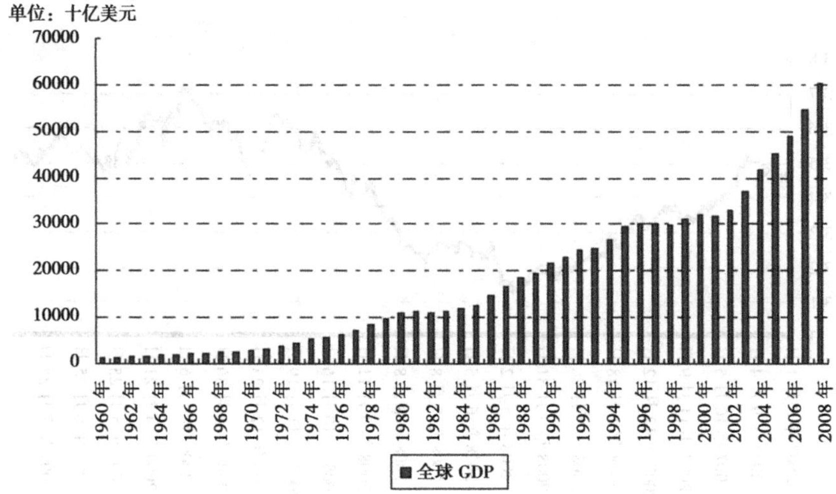

图 5－6 世界 GDP 历年走势

数据来源：世界银行。

十一、汇率变动给棕榈油价格运行的影响是怎么样的？

汇率亦称外汇行市或汇价，是一国货币兑换另一国货币的比率，即用一种货币表示另一种货币的价格。例如，马来西亚林吉特与美国美元汇率为 3.41，意味着 3.41 林吉特等值于 1 美元。

汇率在决定棕榈油购买量中起到重要的作用，对最终价格也起到间接作用。相应林吉特升值（贬值）则会降低（增加）美元的价值，使得商品需求增加成为可能。通过一个例子能更好说明这个问题。棕榈油在国际市场上交易以美元计价，比如说，棕榈油的价格为 2000 林吉特/吨，林吉特与美元的汇率为 3.5，那么美元的价格则是 571 美元/吨。如果林吉特贬值至汇率 4 的话，则棕榈油的价格变为 500 美元/吨。贬值将导致进口商可购买更多的棕榈油现货，从而不断增加需求量，其结果就是，随着棕榈油需求越来越多，一段时间之后库存将减少，从而进一步影响到价格。这意味着棕榈油价格较汇率变动有一个滞后效应。图 5－7 是林吉特与美元汇率走势。

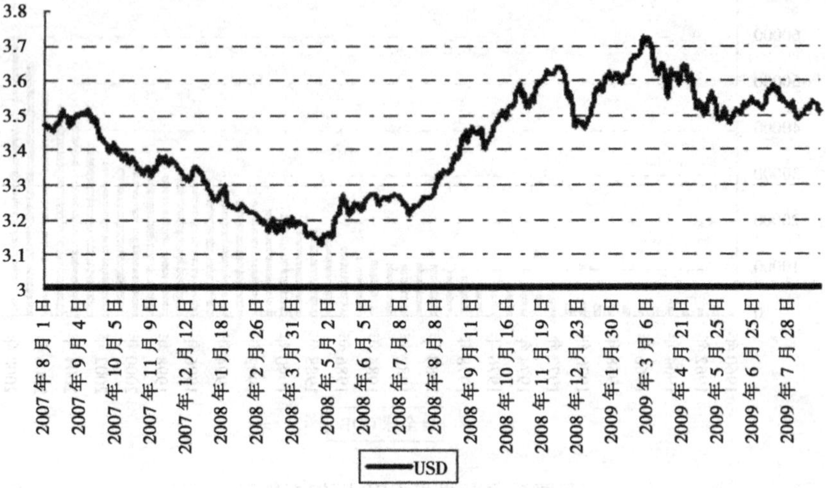

图 5－7　林吉特与美元汇率走势

数据来源：Bank Negara Malaysia 。

十二、不确定因素发生时，投资者应如何更好把握棕榈油价格走势？

世界每个角落无时无刻不充满着不确定性，例如天气、局部战争、疫情、投资者的心理等。拿投资者心理来说，可能盘中的一点异动（拉升或跳水）就会立刻改变投资者的头寸方向，在某些特定的阶段，投资者心理的不确定性往往会导致某一笔投资的成与败。再如天气，没有人能百分之百说出何时干旱，厄尔尼诺或拉尼娜现象何时发生。正是因为存在很多不确定性因素，所以预测棕榈油期货价格是非常具有挑战性的一件苦差事，行情是走出来的，而非预测出来的。市场价格的运行轨迹并非随着某个分析师的主观意识在运行，市场中存在一双“无形的手”，调控着价格的走势，这也正验证了哲学中“事物的发展不以人的意志为转移”这句话。虽然如此，一些不确定因素的预测和发生仍然可以作为从事棕榈油期货投资的参考。下面我们将从历史上发生的一些不确定性因素，运用棕榈油期货价格走势加以简单说明。

（一）天气因素

提及天气，投资者可能并不陌生，每天电视新闻联播之后的天气预报想必都是我们的必修课，因为这对第二天的出行会产生很大影响。在农村，作物从播种开始直到收获，天气情况无时无刻不被农民兄弟所牵挂。如果风调雨顺，农民兄弟可以喜获丰收，但有些年份天公不作美，可能会出现大旱、雪灾等。而在期货市场，当某农作物处于关键播种、生长、收获季节时，天气情况往往成为投资者炒作的题材。例如，2003 年和 2007 年大豆期货牛市均是干旱等天气引起的。而对棕榈油的产量形成最大影响的天气因素当属厄尔尼诺现象。由于棕榈油主产国冬季温度偏高，降水偏少，而此段时间恰是棕榈油传统的丰产期，这些不正常的天气状况必然对其单产造成一定影响。

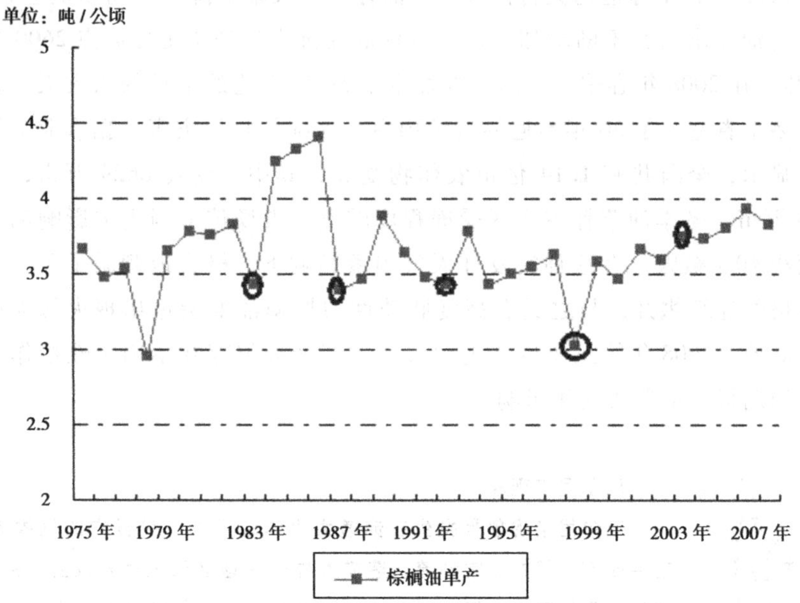

图 5－8　马来西亚棕榈油历年单产走势

数据来源：MPOB、鲁证期货研究所。

通过图 5－8 我们可以清楚地看出，冬季厄尔尼诺现象发生时，会造成马来西亚棕榈油减产。此期间厄尔尼诺现象容易造成马来西亚及印度尼西亚大部分区域降水偏少，气温偏高，容易产生干旱，造成棕榈油单产降低，在1983年、1987年、1992年、1998年发生冬季厄尔尼诺现象时，马来西亚棕榈油单产分别较上一年度减少10%、23%、1.4%、17%，其中，1988年和1994年，全球出现了厄尔尼诺和拉尼娜等恶劣气候，影响了全球植物油产量，棕榈油出现两次规模较大的上涨行情，价格上涨基本上都是从800林吉特/吨以下上涨到1700多林吉特/吨。2003年，厄尔尼诺天气结束的时间较早，对棕榈油单产的影响并不是很大。尽管厄尔尼诺现象是影响棕榈油价格的一个主要天气因素，但影响与棕榈油价格具有联动性的相关品种的天气因素也会在一定程度上间接对棕榈油期货形成影响。

【案例5-3——灾难性天气间接影响棕榈油价格】

1998年，全球遭遇灾害性天气，油籽产量大幅下降，植物油供应紧张，而植物油需求却在不断增加，这导致棕榈油价格达到历史性高点2600林吉特/吨。在2008年春季，中国南方发生了50年不遇的罕见的雪灾天气，南方十多个省遭受了50年不遇的持续雨雪、冰冻等自然灾害。据农业部统计数字显示，全国共有1.14亿亩农作物受灾，其中，受灾6629万亩，绝收1628万亩。冬季油菜籽主产区受冻程度较重，市场传来因雪灾影响油菜种植面积40%被毁。在这种突发性天气因素影响下，极大地刺激了菜籽油期货价格的连续飙升，与之具有高度联动性的棕榈油期货也出现火暴大涨行情。此外，2008年第三季度，美国大豆主产区天气存在不确定性炒作也对棕榈油期货价格形成间接影响。

厄尔尼诺现象

厄尔尼诺现象是发生在赤道太平洋地区的一种异常的气候现象，它会改变大气的正常环流，造成世界一些地区天气模式改变，例如温度较正常偏高或偏低，降水延迟或提前，降水量偏多或偏少等。这些对世界农业生产会产生巨大影响。

厄尔尼诺是与拉尼娜现象相对的一种异常气候，按照历史的标准，它的定义为：太平洋厄尔尼诺系数（ONI）高于历史平均值0.5℃以上且持续5个月以上，即为一次完

整的厄尔尼诺现象。这里面有两点特别要注意：一是什么是太平洋厄尔尼诺系数；二是所谓的高于历史均值如何而来。

太平洋厄尔尼诺系数（ONI）。ONI 是基于厄尔尼诺 3.4 区域海水表面温度偏离平均值的系数，是评价与预测厄尔尼诺现象的主要指标，厄尔尼诺 3.4 区域见图 5－9。

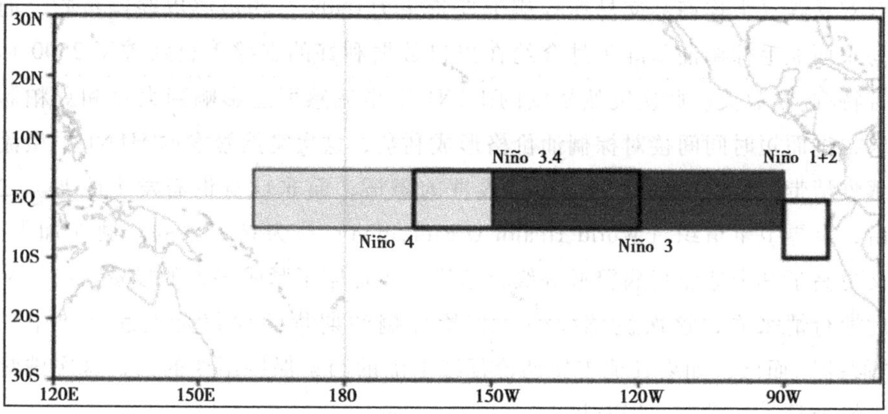

图 5－9　厄尔尼诺监测区域的划分

历史均值如何而来。目前采用的历史均值是 1971～2000 年厄尔尼诺 3.4 区域海水表面温度的平均值。在计算 ONI 系数时，是用连续 3 个月的平均值来与历史均值比较。例如，2009 年 6 月份 ONI 系数为 0.6℃，即 5、6、7 这 3 个月的厄尔尼诺 3.4 区域海水表面温度的平均值较历史均值高出 0.6℃。

（二）突发性事件

当禽流感、H1N1 甲型流感、SARS、H5N1 禽流感等突发性疫情术语摆在我们面前时，或许你无意识地产生了一定的恐慌心理。回顾这些带给人类灾难与痛苦的疫情，我们巴不得它们永远不要在地球上出现，但事与愿违，该来的终归会出现。这些听起来令人毛骨悚然的突发性传染病的流行、暴发不仅对人类生存构成威胁，而且还使相关期货品种形成短时间的暴涨或者暴跌走势。

【案例 5－4——H1N1 甲型流感暴发对棕榈油价格影响】

截至 2009 年 10 月 9 日，发生在美洲墨西哥的 H1N1 甲型流感，已经造成全球超过25万多人感染，并造成3486人死亡，而中国内地也确诊22830例患者。在此疫情暴发之际（2009年4月27日），国内外大宗商品期货市场恐慌弥漫，大连商品交易所豆类期货更是大幅下挫，部分合约触及跌停，与之具有高度联动性的大连的棕榈油期货及马来西亚的毛棕榈油期货出现了双双暴跌。大连商品交易所棕榈油期货主力0909合约最终以跌停报收，而马来西亚毛棕榈油基准7月合约在出口数据利好的支撑下也跌破了2500林吉特/吨整数关。此次突然暴发的H1N1甲型流感可能影响到大豆和豆粕需求，进而短时间间接对棕榈油价格形成利空，这次突然暴发的H1N1甲型流感疫情带给棕榈油期货市场的是人性的恐慌，而非自身供需发生改变。之后，世界卫生组织（World Health Organization）认为猪流感的威胁在加大，又提高了其全球流行病警戒等级，这进一步加剧了紧张恐慌的投资氛围。从后期行情来看，这次流感疫情所带给棕榈油期货的仅仅是上涨趋势中的“假摔”而已，如果其他支持期价延续上涨的因素保持不变的话，这次洗盘也恰恰是入场做多的好时机。

【案例5-5——“迪拜事件”暴发对棕榈油价格影响】

类似于H1N1甲型流感，2009年棕榈油期货市场还发生过另外一次“假摔”事件。这次由“迪拜事件”所引发的市场恐慌性抛盘一点都不亚于4月底H1N1甲型流感所带给市场的影响力度。

受银行股持续走低以及迪拜面临主权债务违约等因素打击，亚太及欧洲股市11月26日全面暴跌。翌日，国内商品市场同样以大面积暴跌回应，大商所棕榈油期货主力合约更是暴跌4.48%，黑色星期五再次重现国内股市及期货市场，顿时恐慌性抛盘再次弥漫整个大宗商品市场。对于此次“迪拜事件”，我们应该理性对待。目前，事况发展在很大程度上取决于放贷给迪拜及其各类公司的大银行如何回应以及迪拜如何在未来几个月内处理债务谈判等。若相关银行停止放贷，并要求归还未偿债务，那么整个杠杆结构都将崩塌。迪拜可能会因其使用的金融工程而付出代价。不过，就全球经济而言，“迪拜世界”的债务危机不至于产生与美国次贷危机等同的破坏性。本轮股市、大宗商品的下跌更多的是源于心理的恐慌和年前对前期过大涨幅的获利回吐。鉴于全球主要经济体经济复苏状况较好，预计本轮下挫幅度不会过大。经过暴跌之后，棕榈油期货市场再次回归理性，在自身供需基本面利多影响下，期价“假摔”之后再次迎来拉升的趋势并保持不变。图 5－10 是大连商品交易所棕榈油期货主力 1009 日 K 线走势图。

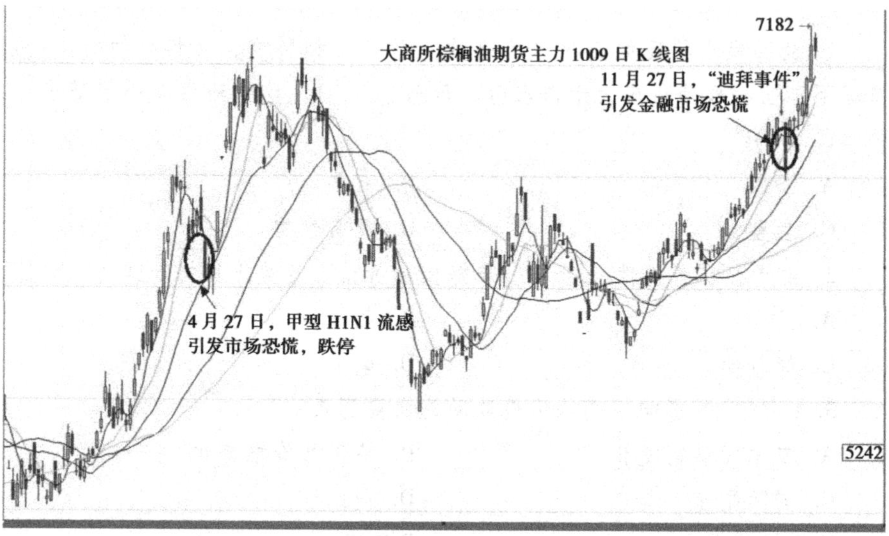

图 5－10 大连商品交易所棕榈油期货主力 1009 日 K 线走势

资料来源：博弈大师、鲁证期货研究所。

迪拜事件

2009 年 11 月 25 日，迪拜最大的企业实体、地产开发商“迪拜世界”请求债权人给予 6 个月的债务宽限。巴克莱资本估计，迪拜及其相关企业约有 900 亿美元债务，其中 200 亿美元将于 2010 年到期，这令市场联想到起源于美国楼市泡沫的金融危机进而引发恐慌，也给惊魂未定的全球经济加了一层寒气。与此同时，穆迪公司预计，2007 年到 2010 年全球公共债务总额将增加约 15.3 万亿美元。即便考虑了通货膨胀因素，这一债务增额也相当于美国在第二次世界大战后为帮助欧洲重建而实施的“马歇尔计划”规模的 100 多倍，这导致市场恐慌情绪加重，投资者纷纷撤离风险资产，全球股市、大宗商品应声齐跌，美元迅速反弹，而美元指数的反弹又加剧了大宗商品的跌势。

自 测 题

一、选择题

1. 商品供求状况的变化与价格的变动是互相影响、互相制约的。一般情况下，当棕榈油供应大于需求时，价格(　　)，棕榈油供应小于需求时，价格(　　)。

A. 下跌　　B. 上涨

C. 盘整　　D. 没有影响

2. 由于存在替代性，(　　)与棕榈油价格在走势上保持较强的一致性。

A. 豆油　　B. 菜籽油

C. 棉籽油　　D. 柴油

3. (　　)是影响棕榈油价格波动的主要因素。

A. 基本面供需变化　　B. 替代品价格变化

C. 国际原油　　D. 美元

E 投机基金　　F 汇率

4. 对棕榈油的产量形成最大影响的天气因素当属(　　)。

A. 沙尘暴　　B. 拉尼娜

C. 厄尔尼诺　　D. 冰雹

二、判断题

1. 供需状况是影响棕榈油价格变化的根本原因。(　　)

2. 我国棕榈油供应完全依赖于进口，国际市场棕榈油价格走势是影响国内价格变化的主要因素。(　　)

3. 国内棕榈油进口量变化、季节性需求不同以及豆油、菜籽油和棉籽油价格变化也是影响国内棕榈油价格的重要原因。(　　)

4. 棕榈油价格与菜籽油、豆油在走势上没有什么联动性。(　　)

5. 棕榈油期货价格与国际原油期货走势大体呈正相关性，但这种同方向正相关变动的现象并非绝对，也会出现背离的情况。(　　)

参考答案

一、选择题

1. AB　　2. ABC　　3. ABCDEF　　4. C

二、判断题

1. √　　2. √　　3. √　　4. ×　　5. √

第六章 棕榈油期货的套期保值

【本章要点】

本章就相关棕榈油企业如何参与大连商品交易所棕榈油期货交易做了介绍，就期货市场的基本功能来说，发现价格与规避风险是其永恒的主题。无论是国际期货市场的发展，还是国内期货市场的（引进）建立，从其初衷来讲，无一不是以为相关企业规避价格风险为目的的，而实现这一目的的途径就是相关企业参与套期保值交易。大连商品交易所棕榈油期货的上市，为相关企业利用这一市场规避现货经营中的价格风险、以获取稳定收益提供了条件。

一、现货企业为什么有必要参与棕榈油期货市场？

2006 年，受生物柴油等题材的影响，世界毛棕榈油价格上涨 30%，全球棕榈油市场交易活跃。在此情形下，作为棕榈油主产区的东南亚国家交易市场制度创新不断，交易所纷纷修改条例，创新品种，改革制度，以吸引更多国内外投资者参与原料产品的交易。随着棕榈油产业的发展和国际贸易日益活跃，价格波动日趋增大，棕榈油已经逐渐发展成为全球化大宗商品，相关企业和金融资本面临着越来越大的市场风险，保值避险需求不断增强。

由于我国棕榈油完全依赖进口，国际定价及货物的在途风险成为棕榈油进口商关注的焦点。同时，对于棕榈油消费商而言，如何规避原料价格上涨带来的成本增加的经营风险成为关乎企业盈亏的重要决策。套期保值正是为化解企业在经营过程中的风险应运而生的金融工具。

二、现货企业参与棕榈油期货市场的主要方式有哪些？

中国的棕榈油现货企业，主要可以分为棕榈油精炼企业、棕榈油贸易企业和棕榈油消费企业。现货企业参与棕榈油期货市场的方式有很多，最主要的方式有套期保值、期现套利和期转现交易。

所谓套期保值（Hedging），是指在现货市场和期货市场对同一种类的商品同时进行数量相等但方向相反的买卖活动，即在买进或卖出现货的同时，在期货市场上卖出或买进同等数量的期货，经过一段时间，当价格变动使现货买卖上出现盈亏时，可由期货交易上的亏盈得到抵消或弥补。从而在“现”与“期”之间、近期和远期之间建立一种对冲机制，以使价格风险降低到最低限度。现货企业利用期货市场进行套期保值交易实际上是一种以规避现货交易风险为目的的风险投资行为，是结合现货交易的操作。

期现套利（Arbitrage），则是利用期货市场和现货市场之间的价差进行的套利行为，是指在期货市场买入（卖出）某一月份商品期货合约的同时在现货市场卖出（买入）同种合约商品以期在有利时机对冲获利了结的方式是基于现货交割基础上的套利形式。比如，交易者看到6个月后的棕榈油期货价比现在的现货市场上的棕榈油价格高出许多，可以考虑买进棕榈油现货的同时卖出棕榈油期货。后期随着价差的缩小，可以卖出手中的棕榈油现货同时买进棕榈油期货平仓，从而实现套利。即使价差没有缩小，交易者也可以采用实物交割的办法来实现套利利润。

所谓期转现交易（ERP，Exchange For Physicals），则是指持有交易方向相反的同一月份合约的会员协商一致并向交易所提出申请，获得交易所批准后，分别将各自持有的合约按双方达成的平仓价格由交易所代为平仓，同时，按双方协议价格与期货合约标的物数量相当、品种相同、方向相同的仓单进行交换的行为。

此外，现货企业还可以进行标准仓单质押业务。所谓标准仓单质押贷款是指借款人以其自有的，经期货交易所注册的标准仓单为质押物向商业银行申请正常生产经营周转的短期流动资金贷款业务，从而既有利于缓解企业生产经营过程中流动资金紧缺的问题，又有利于商业银行控制信贷风险。

三、我国棕榈油现货企业面临的主要风险点是怎样的？

在经济活动中时时刻刻都存在价格风险，无论是靠工薪为生的普通老百姓，还是以生产或者贸易为业的大中小企业，都无法逃脱价格波动所带来的影响。可以说，价格风险是客观存在的。中国的棕榈油现货企业，包括棕榈油精炼企业、棕榈油贸易企业和棕榈油消费企业，都面临价格风险。

对于棕榈油精炼企业来说，市场价格风险主要来自于原料（毛棕榈油）价格风险和产品（精炼棕榈油）价格风险两个方面。企业既担心原料价格上涨，又担心产品销售价格下跌，更怕出现原料价格上升、产品销售价格下跌的局面。虽然棕榈油精炼企业担心产品价格下跌，有的通过预定合同方式将价格定死，但这种方式不仅在价格波动较大时很难找到合适的合同对家，而且对方也有可能存在违约问题。

对于棕榈油贸易企业来说，一方面，进货价格受到上游厂商报价的约束，在定价方面处于劣势；另一方面，销售渠道为下游的买方市场，又受到零售价格的约束，可谓是前后夹击。当市场行情处于平稳的时候，棕榈油经销商可获得稳定的价差收入和利润空间，但当市场出现大幅度波动的时候，特别是上游市场出现价格波动的时候，对于库存消化速度慢的经销商来说，可谓是损失惨重。棕榈油贸易企业从厂商处购进棕榈油到将棕榈油销售给市场，期间最大的风险点归结起来就是库存。很多棕榈油经销商通过快进快出策略来规避市场风险，尽可能缩小在置库存量，有时价格低的时候也不敢大量增加库存。这种方式，虽然可以适当的回避风险，但其代价是丧失了经营的灵活性。

对于棕榈油消费企业来说，其产品价格相对稳定，最大的价格风险来自于其原料棕榈油的价格波动。部分棕榈油消费企业担心价格上涨，多采购一些棕榈油做储备，但多采购材料需要大量资金和仓库，成本不菲。即使有的企业建立了原材料棕榈油库存，但一旦遇到棕榈油现货价格连续下跌及产品销售不畅时，企业也同样面临库存敞口风险。

套期保值可以解决以上诸多缺陷，现在越来越多的棕榈油现货企业通过期货市场寻求价格保障，尽可能消除现货交易的价格风险，从而能够集中精力于本行业的生产经营业务上，并以此取得正常的生产利润。

四、哪些棕榈油企业适合做买入套期保值?

1. 为防止日后购进原料毛棕榈油时价格上涨，棕榈油分提企业可考虑买入保值。

2. 棕榈油分提企业或棕榈油进口贸易商/中间贸易商已经跟需求方签订好现货供货合同，将来交货，棕榈油供货方尚未购进货源，担心日后购进货源时价格上涨，可考虑买入保值。

3. 棕榈油需求方认为目前现货市场的价格很合适，但由于资金不足或者缺少外汇或仓库已满等，不能立即买进现货，担心日后购进现货，价格上涨，可考虑买期保值。

买入套期保值的概念

买入套期保值是指经营者为了回避将来购进商品时因价格上涨给自己造成采购成本增加，而预先在期货市场上买入同等数量的期货合约进行保值，希望将来能用期货市场的盈利弥补现货市场价格上涨带来的损失。基本操作方法是：先在期货市场上买入期货合约，如果现货市场价格真的上涨，用对冲后的期货盈利弥补现货的亏损；如果价格不涨反跌，企业可以用现货少付的成本来弥补期货市场的损失。

五、当担心或预计棕榈油价格上涨时，棕榈油分提企业如何进行套期保值？

对于棕榈油分提企业来说，当库存为零或者处于低库存时，其面临的市场价格风险主要来自于原料（毛棕榈油或精炼棕榈油）价格上涨的风险。尽管目前中国棕榈油进口以精炼 24 度棕榈油为主（因主产国的贸易保护政策限制），但国内主要港口仍旧存在一批分提企业，它们可将毛棕榈油提炼成不同熔点的精炼棕榈油。与此同时，为克服冬季温度偏低影响到棕榈油的使用，企业也可将 24 度棕榈油进一步分提为 4 度、8 度、18 度等不同低熔点的棕榈油。

【案例 6 – 1】

2009 年 3 月底，据总部位于德国汉堡的行业刊物《油世界》预估，全球 2008/2009 年度（10 月/9 月）棕榈油消费量料将增加至 4477 万吨，高于 2007/2008 年度的 4122 万吨。这将高于 2008/2009 年度预估产量 4457 万吨，亦高于 2007/2008 年度的 4236 万吨。从《油世界》的预估数据可以看出，棕榈油供应不再过剩，缺口约在 20 万吨。而此时国内大型棕榈油分提 A 企业需要在 5 月初采购 8000 吨棕榈油用于精炼加工销售。为了避免将来现货价格可能上升，导致原材料成本提高，该企业决定在大连商品交易所进行棕榈油期货买入套期保值操作。4 月 9 日，棕榈油的现货价格为 5900 元/吨，而大连商品交易所棕榈油期货 9 月合约的价格为 5860 元/吨。于是该企业在期货市场上一次性买入 800 手 9 月份棕榈油合约进行买入套保交易。到了 5 月 7 日，现货市场棕榈油现货价格上涨 1400 元/吨，相应期货市场上的棕榈油期货上涨 956 元/吨。具体交易过程见表 6 – 1。

表 6 – 1　　A 企业进行套期保值的过程

	现货市场	期货市场
4 月 9 日	棕榈油价格 5900 元/吨	以价格 5860 元/吨买入 800 手棕榈油 0909 合约，基差 40 元/吨
5 月 7 日	买进 8000 吨棕榈油，价格为 7300 元/吨	以价格 6816 元/吨卖出 800 手棕榈油 0909 合约了结期货头寸，基差 484 元/吨
套保结果	现货采购成本增加 1400 元/吨	期货盈利 956 元/吨

买入套期保值交易保证金：

5860 元/吨 ×10 吨/手 ×800 手 ×13% =609.44（万元）（假设保证金比例为 13%）

交易手续费：

12 元/手 ×800 手 ×2 =1.92（万元）（买入 800 手，卖出 800 手，共交易 1600 手）

一个月的资金使用成本（计算按照一年期存款利率 2.25%）：

609.44 万元 ×2.25% ×1/12 =1.14（万元）

如果该企业没有参与买入套期保值，一旦现货价格走高，它必须承担由此造成的 1120 万元（1400 元/吨 ×8000 吨）的采购成本增加的风险。而通过此次买入套期保值，该企业用较少的成本 3.06 万元（1.92 万元 +1.14 万元），通过期货市场上 764.8 万元（956 元/吨 ×8000 吨）的盈利基本上抵消了现货市场上棕榈油采购成本大幅度增加的风险，之所以没有达到完全套保或者出现超额利润的原因在于基差走强所致。但从套保效果来看，该企业还是获得了预期的效果。综合来看，该企业套保成功，充分体现期货市场对现货企业经营的重要性。

从该案例可以得出：第一，完整的买入套期保值涉及两笔期货交易。第一笔为买入期货合约，第二笔为在现货市场买入现货的同时，在期货市场卖出对冲原先持有的头寸。第二，因为在期货市场上的交易顺序是先买后卖，所以该例是一个买入套期保值。第三，通过这一套期保值交易，虽然现货市场价格出现了对该精炼油厂不利的变动，该企业在现货市场的采购成本增加 560 万元，但是在期货市场上的交易盈利了 761.74 万元（764.8 万元 -3.06 万元）。可见，该油脂企业通过期货市场进行买期保值，用期货的盈利基本上弥补了现货的大部分亏损，成功的回避了原材料价格大幅度上涨带来的风险。

假如该企业在现货市场上购买棕榈油时价格下跌，此时，期货市场出现亏损，但由于此时现货市场购买的棕榈油价格较原先较低，可以用于弥补期货市场的亏损，从而实现控制成本的目的。

六、当担心或预计棕榈油价格上涨时，港口进口商如何进行套期保值？

目前，我国棕榈油完全依赖进口，所以相关企业多以贸易型企业为主，而这些企业中，相对于中间贸易企业而言，港口贸易企业的规模相对较大，其生存能力较强。这些企业在实际经营过程中，当库存为零或者库存偏低时，其主要面临进口成本增加的风险。因此，这部分贸易企业可以择机买入套保，以规避价格上涨带来进口成本增加的风险。

【案例 6 –2】

自 2009 年国庆长假以来，棕榈油期货在外围市场尤其原油连续上涨带动下，走出一波强劲反弹行情。虽然在 10 月底期价出现一波急速的回调行情，但相对于其他植物油而言，棕榈油价格处于相对低廉的 6000 元/吨价位。后市随着豆油需求好转及市场炒作通胀预期提振下，处于相对便宜的棕榈油或将再次迎来一轮上扬走势。但在此期间，国内某港口的大型粮油贸易 B 企业，并未出现订货，究其原因在于棕榈油处于季节性的消费淡季及国内港口整体库存维持高位均在很大程度上使得该企业入市并不积极。但此时，马来西亚处于季节性的暴雨时期，连续雨天或将令棕油收割减缓，而此时出口依然处于旺盛格局。在此影响下，马来西亚棕榈油月末库存或将出现大幅度下降。此外，目前市场的热点依然是通胀预期的炒作，相对于金属品种而言，油脂期货经过前期深度调整后处于价值低洼，更容易吸引资金入市做多。经过综合分析后，此企业决定在棕榈油期货市场提前采购，以规避未来价格出现大幅度上涨带来的进口成本增加的风险。

11 月 2 日，尽管大连商品交易所棕榈油期货出现大幅度低开，并跌破 6000 元/吨整数关，但盘中接盘力度强劲，盘后收一探底回升的大阳线。而此时现货价格再次跌至港口进口贸易商的心理支撑线 5800 元/吨一带，预计在进口成本支撑及进口贸易商力挺价格影响下，后市棕榈油价格下跌空间有限，市场价格抗跌性显现。在此市场背景下，该企业于 11 月 5 日入市进行买入套保操作，具体操作过程见表 6 –2。

表 6－2　　B 企业进行套期保值的过程

时间	剩余库存	棕榈油进口成本	期货市场	期货盈亏	现货盈亏
11 月 5 日	0	进口成本：6090 元/吨 操作：无	P1005 价格：6130 元/吨，基差 －40 元/吨 操作：买入 750 手（7500 吨）棕榈油合约		
11 月 20 日	7500 吨	进口成本：6490 元/吨 操作：订货	P1005 价格：6500 元/吨，基差 －10 元/吨 操作：卖出 750 手（7500 吨）平仓	277.5 万元	

买入套期保值交易保证金：

6130 元/吨 ×10 吨/手 ×750 手 ×13% ＝597.675（万元）（保证金比例为 13%）

交易手续费：

12 元/手 ×750 手 ×2 ＝1.8（万元）（买入 750 手，卖出 750 手，共交易 1500 手）

15 天的资金使用成本（计算按照一年期存款利率 2.25%）：

597.675 万元 ×2.25% ×1/12 ×1/2 ＝0.56（万元）

从该盈亏情况来看，通过此次买入套期保值，综合计算，该企业通过半个月的买入套期保值交易，用较少的成本 2.36 万元（1.8 万元 ＋0.56 万元）基本上规避了棕榈油进口成本大幅度增加的风险，套保成功。如果该企业没有参与套期保值，它必须承担由此造成的 300 万元［7500 吨 ×（6490 元/吨 －6090 元/吨）］进口成本的增加。该企业之所以没有达到完全套保的效果，主要因基差走强所致。该企业通过此次买入套期保值基本上锁定了进口成本大幅度增加的风险，其出发点本身并不是在期货市场上进行投机，这和一般的没有现货背景的投机交易存在本质差别。从该企业进场点来看，对于部分没有库存的进口贸易型企业而言，并不是在任何时间进场都合适，而是根据自身的实际和期货市场走势分析，灵活把握入市进行买入保值的时间。

七、当担心或预计棕榈油价格上涨时，中间贸易商如何进行套期保值？

自2008年3月至今，因国内外棕榈油一直处于倒挂格局，中间小型贸易企业亏损严重，多数企业正陆陆续续退出这个行业，棕榈油贸易企业正在经历最残酷的洗牌。相信不远的将来，中间贸易企业数量会出现锐减，而终端消费企业的采购将直接对接港口进口商。在这种背景下，国内中间贸易商生存压力倍增，企业的套保应以灵活方式进行，而不拘泥于传统的套保方式。当棕榈油价格上涨时，这些企业可采取买入套保操作，用以规避拿货成本增加的风险。

【案例6－3】

2010年2月，大商所棕榈油期货主力1009合约在前期深度回调及自身基本面利多影响下，期价在6500～6600元/吨一带出现止跌，并反弹至7000元/吨一带。但在马来西亚公布出口数据疲软的打压下，期价短时间出现回调，而后期在棕榈油主产国马来西亚因天气干燥及处于减产周期双重利多影响下，棕榈油期价本次回调幅度有限，后市仍然存在再度走强的可能。在这种背景下，对于中间贸易商C企业来说，3月中上旬企业面临的风险主要来自于进货成本增加，因其库存维持在低位。为规避后期采购成本增加的风险，该企业决定一次性买入棕榈油主力合约1009进行套期保值。具体操作见表6－3。

表6－3　C企业进行套期保值的过程

时间	剩余库存	现货市场（24度棕榈油）	期货市场	期货盈亏	现货盈亏
3月2日	0	采购成本价格：7130元/吨 操作：无	P1009价格：6890元/吨 操作：买入200手（2000吨）		
3月11日	2000吨	采购成本7200元/吨 操作：进货	P1009价格：7050元/吨 操作：卖出200手了结头寸	32万元	－14万元

买入套期保值交易保证金：

6890 元/吨 ×10 吨/手 ×200 手 ×14% =192.92（万元）（假设保证金比例为 14%）

交易手续费：

12 元/手 ×200 手 ×2 =0.48（万元）（卖出 3000 手，买入 3000 手，共交易 6000 手）

10 天的资金使用成本（计算按照一年期存款利率 2.25%，这里约为半个月资金使用）：

192.92 万元 ×2.25% ×1/12 ×1/2 =0.18（万元）

从该盈亏情况来看，通过此次买入套期保值，该企业完全规避了棕榈油采购成本增加的风险。如果该企业没有参与买入套期保值，一旦采购成本上涨，它必须承担由此造成的 14 万元的成本增加，但通过套保，期货市场的盈利完全抵消了现货市场的亏损。综合计算，该企业通过 10 天的买入套期保值交易，不仅可以用较少的成本 0.66 万元（0.48 万元 +0.18 万元）规避了现货采购成本 14 万元的增加，而且还带来了 17.34 万元（18 万元 -0.66 万元）的超额利润，充分体现了期货市场对企业经营的重要性。

八、当担心或预计棕榈油价格上涨时，终端需求企业如何进行套期保值？

对于食品企业尤其方便面生产企业而言，企业生产加工方便面所用原料为棕榈油（33℃）、面粉以及其他辅料，其中棕榈油所占比重为30%左右。在原料价格方面，面粉及其他辅料价格稳定，常年波动变化很小，而棕榈油则受国内外众多因素影响，波动较为频繁，且波动幅度相对较大。通过简单流程图 6 -1 可以看出，此类企业面临的风险主要有以下两点：

（一）定价时间不一致的风险

原料采购定价时间与产品销售定价时间不一致，存在时间风险。企业原料采购与产品销售均采用当时的现货价，但从原料采购到产品生产销售需要一段时间，二者定价有时间间隔，有可能存在时间风险。例如，由于原料价格大幅下跌带来产品库存的缩水。但目前来看产品价格波动与原料价格相关

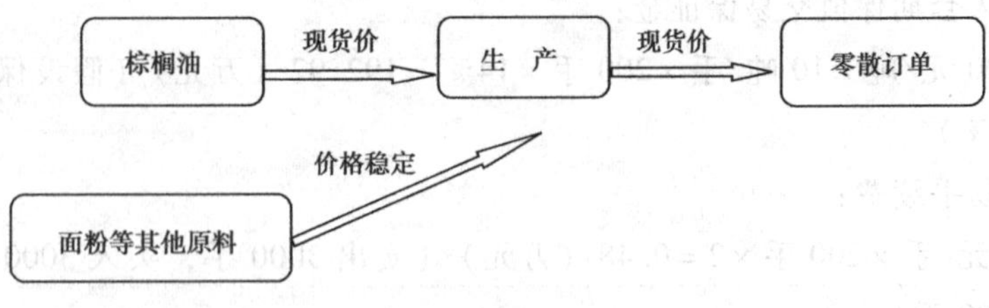

图 6-1　方便面企业在经营中所面临风险敞口的简单流程

度不大，下游方便面价格比较固定，很少进行调整，除非发生经济危机等严重情况。所以，由原料和产品定价时间不一致而给企业造成风险的可能性比较小。

（二）原料与产品定价模式不匹配的风险

虽然企业原料采购与产品销售均采用当时的现货价，但原料棕榈油因受国内外众多不确定性因素影响，价格波动比较频繁，下游产品定价则因市场格局等因素价格相对稳定，原料与产品定价模式不匹配，企业存在风险。例如，由于原料价格大幅上涨对产品利润空间造成冲击，特别是企业实行的随用随采的原料采购方式更是加大了这种风险。

通过上面分析基本可以认定食品企业的风险属于上游敞口、下游闭口的风险类型。当然，在非食品领域的油化产业、日用化学用品产业等工业用途领域也面临类似的风险。作为棕榈油终端消费者，棕榈油成本价格波动较大，产品价格相对固定，通过对棕榈油采购的敞口风险进行处理便可规避企业面临的大部分价格波动风险。目前上市的棕榈油期货交割标的为 24 度，但从两者走势趋于一致及拥有高度相关性来看，此类企业可以运用大连商品交易所棕榈油期货进行相应买入套保进行操作，用以规避原材料价格上涨的风险。

【案例 6-4】

D 企业是国内内陆一家知名食品企业，在全国中档面市场占有较大的份额，主营方便面、挂面、面粉的生产及销售。作为上游敞口的企业，其面临的价格风险主要是原料价格上涨压缩生产利润的风险。为防止棕榈油价格上涨造成不利影响，可采取棕榈油买入套期保值策略，对上游敞口风险进行处理。2009 年，面对端午节期间外盘的暴涨行情，国内棕榈油进口贸易商实行了限量销售的措施，这进一步使该企业面临原料价格上涨的巨大压力。由此，企业利润将被进一步的压缩。针对自身生产经营实际情况，此企业需要在 6 月 10 日购进 1000 吨 33 度棕榈油现货，为防止进货之前棕榈油出现大幅度上涨，此企业决定在期货市场上做买入套期保值操作。具体操作见表 6－4。

表 6－4　D 企业进行套期保值的过程

日期	现货市场	期货市场
2009 年 6 月 1 日	价格：现货 7100 元/吨 操作：维持生产经营	价格：P0909－6900 元/吨 操作：买入 100 手（1000 吨） 棕榈油合约，基差 200 元/吨
2009 年 6 月 10 日	价格：现货 6900 元/吨 操作：市价买入 1000 吨	价格：P0909－6570 元/吨 操作：卖出 100 手（1000 吨） 棕榈油合约，基差 330 元/吨
各市场结果	盈利： （7100－6900）×1000 ＝20 万元	亏损： （6900－6570）×100×10 ＝－33 万元
套期保值效果	合计盈亏：20－33＝－13 万元，基差走强，不利于买入套保	

买入套期保值交易保证金：

6900 元/吨×10 吨/手×100 手×13%＝89.7（万元）（保证金比例为 13%）

交易手续费：

12 元/手×100 手×2＝0.24（万元）（卖出 100 手，买入 100 手，共交易 200 手）

10 天的资金使用成本（计算按照一年期定期存款利率 2.25%）：

89.7 万元×2.25%×1/12×1/3＝0.056（万元）

从该盈亏情况来看，通过此次买入套期保值，该企业整体亏损为 13.296 万元（13 万元＋0.296 万元），如果该企业没有参与套期保值，它没有必要必须承担这些损失，套保之所以出现失利，主要是因为基差走强所导致。因此，企业在考虑入场进行买入保值时，应多注意基差的变动方向。当然，在一定程度上，也不能说本次套保就是彻底失败，因为对于大型方便面企业而言，它们追求的是稳定盈利、企业的长期稳定发展，而不是某次利润的暴涨或者暴跌。从长远来看，无论棕榈油价格如何变化，因做了有效的套期保值，企业的盈利模式是平稳的，不会出现大幅度的波动，这也是符合企业长期利益的。因此，仅仅根据企业一次套保头寸的亏损而随意夸大期货套保风险，甚至否定套期保值的效果是不恰当的。殊不知，如果在 2009 年 4 月初至 5 月中旬棕榈油连续暴涨期间，企业如果没有参与买入套保的话，棕榈油采购成本大幅度增加恐怕也是此类企业所不能承受的。

九、在什么情况下，棕榈油企业可以选择卖出套期保值?

在我国，棕榈油完全依赖进口，进口又几乎全部来自东南亚地区的马来西亚和印度尼西亚两国。因此，国内现货市场价格的波动紧跟大马交易所毛棕榈油期货走势。此外，作为传统霸主的 CBOT 豆油期货在很大程度上对国内棕榈油期货及大马交易所毛棕榈油期货均起到指引作用。近两年来国际油脂市场波动剧烈，特别在 2008 年，国际油脂市场风云变幻，短短一年多的时间内经历了过山车般的行情。自进入 2008 年下半年以来，由美国次贷危机所引发的百年不遇的金融危机席卷全球油脂市场，受国外油脂期货尤其 CBOT 豆油期货及大马交易所毛棕榈油连续暴跌打压，国内油脂市场投机泡沫被刺穿，并演绎了一波又一波集体跳水的行情。作为已经上市的国内三大植物油（豆油、菜籽油、棕榈油）现货价格分别累计暴跌了 60%、54%、66%。此外，玉米油、葵花油也分别暴跌 57%、49%。

如此行情，使国内部分油厂及贸易商经历了严峻考验，部分企业在这轮大幅下跌中损失惨重，面临倒闭。许多中间贸易商也因此元气大伤，资金链出现断裂，经营陷入困境，许多企业被迫退出这个油脂行业，套期保值的重要性再次彰显。如果棕榈油现货企业能意识到期货市场的套期保值功能，及时采取措施，不仅可以规避风险，而且有望利用期货市场的盈利弥补现货亏损之后，获得部分利润。例如，港口进口贸易商参与了棕榈油期货的卖出套期保值，就可以锁定利润，无论进口过程中现货价格如何暴跌，企业依然能够获取预期利润。实际上，目前国际市场规模最大的 A、B、C、D 四大粮油跨国公司，以及国内的中粮集团、中纺油脂等，都是在现货经营中充分利用期货市场，通过两个市场的组合操作，回避了价格波动带来的风险，确保了企业长久、稳定、健康的发展。对于以下企业即可利用棕榈油期货进行卖出保值。

第一，棕榈油分提企业手中有产品、棕榈油库存尚未销售或即将对毛棕榈油进行分提精炼而担心日后出售时价格下跌，可考虑卖期保值。

第二，棕榈油贸易商手头有棕榈油库存尚未出售或已签订将来以特定价格买进棕榈油但尚未转售出去，担心日后出售时价格下跌，可考虑卖期保值。

第三，棕榈油分提企业担心原料毛棕榈油价格下跌，可考虑卖期保值。

第四，棕榈油消费企业担心手头的棕榈油库存价格下跌，可考虑卖期保值。

卖出套期保值的概念

卖出套期保值是指市场经营者为了回避将来价格下跌的风险，提前在期货市场卖出数量相应的期货合约，希望将来用期货市场的盈利弥补因现货市场价格下跌所带来的损失。卖出套期保值的基本操作方法是：先在期货市场上卖出期货合约，如果现货市场价格真的下跌，则用对冲后的期货盈利弥补在现货市场所发生的亏损。如果价格不跌反涨，则企业可以用现货市场盈利弥补期货市场的亏损的交易。

十、当担心或预计棕榈油价格下跌时，港口进口贸易商如何进行套期保值？

港口贸易企业不仅面临棕榈油进口成本增加的风险，而且也面临价格下跌的风险。在实际经营过程中，当企业库存处于高位，而中间贸易商维持谨慎观望及下游需求低迷时，其主要面临价格下跌的风险。因此，这部分贸易企业可以择机选择卖出套保，以规避价格下跌带来库存缩水的风险。

【案例 6 – 5】

2008 年 10 月 9 日，受百年不遇的金融危机影响，棕榈油现货价格已经暴跌至 5714 元/吨，后市依然有望进一步扩大下跌空间。这对于拥有高位库存的进口棕榈油企业来说，无疑是随时可能引爆的定时炸弹。此时，国内某港口大型棕榈油进口企业 E 与马来西亚的棕榈油供货商签订了 1 千吨 11 月船期的进口棕榈油订货合同，按照当日的汇率、关税等可以计算出当日的棕榈油进口成本价在 5556.14 元/吨，其进口利润为 157.86 元/吨。由于从订货到装船运输再到国内港口的时间预计要 10 天左右，考虑到金融危机的影响会进一步蔓延，使得市场价格继续下滑，企业进口利润面临缩水风险。于是，该企业于 10 月 9 日在大连商品交易所期货市场卖出 100 手棕榈油主力合约 0901 合约进行保值，成交均价为 5576 元/吨。到 10 月 29 日，进口棕榈油到港卸货完备，但此时终端市场需求低迷及贸易商囤货意愿不强致使此企业短时间难以寻找到买家。直到 11 月 14 日，该企业才以 4850 元/吨的价位卖给中间贸易商及内陆某食品企业。该企业将手中库存销售完毕的同时在期货市场上买入 100 手棕榈油主力合约 0901 合约进行对冲平仓，成交均价为 4430 元/吨。具体操作见表 6 – 5。

表 6 – 5　E 企业进行的套期保值过程

日期	现货市场	期货市场
2008 年 10 月 9 日	价格：现货 5714 元/吨 操作：与马来西亚签订合同	价格：P0901 – 5576 元/吨，基差 138 元/吨。 操作：卖出 100 手（1 千吨）棕油合约
2008 年 11 月 14 日	价格：现货 4850 元/吨 操作：市价卖出 1 千吨	价格：P0901 – 4430 元/吨，基差 420 元/吨。 操作：买入平仓 100 手
各市场结果	亏损： （5714 – 4850）×1000 =86.4 万元	盈利： （5576 – 4430）×100×10 =114.6 万元
套期保值效果	盈利：–86.4 万元 +114.6 万元 =28.2 万元	

卖出套期保值交易保证金：

5576 元/吨 ×10 吨/手 ×100 手 ×13% =72.488（万元）（保证金比例为13%）

交易手续费：

12 元/手 ×100 手 ×2 =0.24（万元）（卖出 100 手，买入 100 手，共交易 200 手）

一个月的资金使用成本（计算按照一年期定期存款利率 2.25%）：

72.488 万元×2.25% ×1/12 =0.14（万元）

从该案例可以得出：第一，完整的卖出套期保值涉及两笔期货交易。第一笔为卖出期货合约，第二笔为在现货市场卖出现货的同时，在期货市场买入对冲原先持有的头寸。第二，因为在期货市场上的交易顺序是先卖后买，所以该例是一个卖出套期保值。第三，通过此次套期保值，该企业用较少的成本 0.38 万元（0.24 万元 +0.14 万元），不仅对 157.86 元/吨的进口利润进行了锁定，而且还获得了 27.82 万元的超额利润，保值者得到了完全的保护，套保成功。如果该企业没有参与套期保值，一旦现货价格走低，它的进口利润将被压缩至 71.46 万元（157.86 万元 −86.4 万元）。

另外，该套期保值操作过程中，基差（现货价格与期货价格的差价）从 10 月 9 日的 138 元/吨上升至 11 月 14 日的 420 元/吨，因此，阶段期货价格下跌幅度远比现货价格大，基差出现阶段性的变强，使得卖出套期保值交易者在保住进口利润 157.86 元/吨的同时，还获得了一定超额利润。因此，对于卖出套期保值，基差走强将对其有利。这里需要强调的是，卖出套期保值的目的是规避现货价格的下跌风险，进而锁定销售利润，其根本目的不在于赚多少钱，而在于在价格下跌中实现自我保护。

十一、当担心或预计棕榈油价格下跌时，港口分提企业如何进行套期保值？

对于棕榈油分提企业来说，不仅面临原料价格上涨的成本增加风险，而且也面临产品（各种不同熔点的精炼棕榈油）销售价格下跌的风险。由于 24 度精炼棕榈油与其他不同熔点的棕榈油在走势上具有同涨同跌、相关性高的特点，当企业库存高企，又担心产品价格下跌时，企业可以选择大商所棕榈油期货进行相应的套保操作，以规避企业敞口风险。

【案例 6－6】

F 企业是国内某港口大型棕榈油分提企业，2009 年 3 月 1 日，此企业通过合同订购的 2 万吨毛棕榈油到达港口，5 天后精炼成为 24 度棕榈油，其间损耗 10 吨。因国际金融危机的硝烟仍未散去，大连商品交易所棕榈油期货主力合约在 5000 元/吨左右的价位连续盘整了六个月。在期货市场未见突破及终端需求疲软的格局下，下游贸易企业迟迟不愿大批进货，采取观望态度。为防止价格继续大幅下跌，F 企业决定用 1 万吨的 24 度棕榈油注册成仓单在期货市场上利用 0909 合约进行套保。3 月 6 日以均价 5100 元/吨卖出 1000 手 P0909，此时市场上现货价格在 5170 元/吨。随后棕榈油价格在供应趋紧及资金流动性泛滥疯狂入市做多影响下展开了一波反弹。到交割前两个月的 7 月，公司董事会决定不进行交割，于 7 月 15 日至 31 日期间以 5730 元/吨的均价全部平仓出场，相应 7 月 31 日现货市场棕榈油价格为 5900 元/吨。具体操作见表 6－6。

表 6－6　F 企业进行套期保值的过程

	期货市场	现货市场
3 月 6 日	5100 元/吨卖出 1000 手	价格 5170 元/吨，基差 70 元/吨
7 月 31 日	5730 元/吨买入 1000 手棕榈油平仓，亏损（5730－5100）×1000×10＝630 万元	5900 元/吨卖出 10000 吨，盈利（5900－5170）×10000＝730 万元，基差 170 元/吨
总盈亏	100 万元。现货市场盈利抵补了期货市场的亏损，利润被锁定	

在不考虑注册仓单费、交易手续费及资金占用成本前提下，该企业通过此次卖出套保，获得了预期稳定的利润，综合来看，套保成功。不过对于上述套保效果，可能有很多疑问，即如果该企业没有参与卖出套期保值，现货市场净盈利高达 730 万吨，要远远高于参与卖出套保盈利的 100 万元，是不是保值侵蚀了企业的利润？此想法是片面的。因为对于企业尤其是大型企业而言，它们追求的是稳定盈利、企业的长期稳定发展，而不是每年利润的暴

涨或者暴跌。从长远来看，无论棕榈油价格如何变化，因为做了有效的套期保值，企业的盈利模式是平稳的，不会出现大幅度的波动，这也是符合企业长期利益的。因此，仅仅根据企业几个月或某一年期货套保头寸的亏损而随意夸大期货套保风险、甚至否定套期保值的效果是不恰当的。殊不知，如果在2008年3~4月份、9~10月份，企业如果拥有高位在置库存，而没有参与卖出套保的话，损失会有多大，恐怕是这些企业所不能承受的。

十二、当现货市场需求低迷、流动性差时，贸易商如何利用棕榈油期货开展经营?

当棕榈油行情处于牛市格局或者持续上涨过程中，即使国内外棕榈油价格倒挂，中间小型贸易企业的日子依然比较好过，因价格的涨幅一般均大于拿货价格，企业的利润也相对稳定可观。但一旦行情步入熊市或者价格出现季节性深度回调时，中间贸易商的现货经营将异常艰难。尤其在现货市场需求低迷、流动性差时，一旦中间贸易商囤货库存高企时，企业往往面临巨亏或者倒闭的可能。因此，企业的套保应以灵活方式进行，而不拘泥于传统的套保方式。

【案例6－7】

G企业成立于1998年。公司自成立以来，一直从事色拉油、棉籽油、棕榈油、豆油等粮油品种的现货贸易，并在当地县城有一定的市场基础。经过多年的发展，该企业已经发展成为当地粮油行业的排头兵。对于从事粮油贸易的小型私营G企业来说，市场价格风险主要来自于在置库存的消化速度。对处于整个食用油产业链条中间的贸易商来说，本身在产业链条中所处的位置决定了其在经营过程中固有的被动之处。尤其在2009年，百年不遇的金融危机不仅对全球实体经济冲击很大，而且在很大程度上改变了居民消费习惯，受此影响，食用油消费受到很大削减。而期货市场自进入8月中旬之后一直处于弱市宽幅震荡之中，现货市场成交非常低迷。与往年相比，该企业正常出货非常困难，尤其在期货市场弱市运行的时候，在一星期内区区5吨货源都很难出手。考虑到现货市场流动性差，这家小型贸易公司决定在期货市场上完成采购销售。

对于此类型的贸易企业来说，在期货市场的操作只能是阶段性的低吸高抛操作，完成一次操作大约需要一星期左右的时间，但这就对入市时机的选择存在很高的要求，即使完全在期货上进行拿货出货，也需要结合现货市场的动态去操作。如果时机选择得很差，将会导致该小型贸易企业处于很被动的局面，甚至处于破产边缘，而合适的入市操作则完全取决于对棕榈油行情走势准确的判断上。2009 年 9 月 2 日，大连商品交易所棕榈油期货主力合约再次出现破位下行，该企业相关负责人经过分析多年期现货操作经验得出，期价后市测试 6000 元/吨整数关的可能性加大，而此时现货市场依然处于有价无市格局。于是该贸易企业在 2009 年 9 月 2 日，在 6160 元/吨一次性卖出棕榈油主力合约 1005 进行操作。具体操作见表 6－7。

表 6－7　　G 企业进行套期保值的过程

时间	剩余库存	现货市场价格（24 度棕榈油）	期货市场	期货盈亏	现货盈亏
9 月 2 日	0	现货价格：6100 元/吨 操作：无	P1005 价格：6160 元/吨，基差－60 元/吨。 操作：卖出 100 手（1000 吨）棕榈油合约		
9 月 7 日	0	现货价格：5950 元/吨 操作：无	P1005 价格：5950 元/吨，基差 0 元/吨。 操作：买入 100 手（1000 吨）	21 万元	

买入套期保值交易保证金：

6160 元/吨 ×10 吨/手 ×100 手 ×13% ＝80.08（万元）（假设保证金比例为 13%）

交易手续费：

12 元/手 ×100 手 ×2 ＝0.24（万元）（买入 100 手，卖出 100 手，共交易 200 手）

8 天的资金使用成本（计算按照一年期存款利率 2.25%）：

80.08 万元 ×2.25% ×1/12 ×1/4 ＝0.04（万元）

从该盈亏情况来看，该企业在期货市场出现较大盈利，究其原因，主要因自身多年现货经营经验加上期货市场的技术分析等因素所致。因2009年夏季消费旺季不旺，而随着天气逐步转凉，棕榈油消费量将日益萎缩，并且后半年油脂供应处于充裕状态，后市棕榈油重心下移在所难免。此次沽空机会，对于该贸易商而言可遇而不可求，该企业很好地利用了现货市场情况，为在期货市场上操作提供了真实的依据，通过期货市场的操作获益丰厚。

从该企业操作过程来看，读者不难发现，这完全是投机行为，而非所谓的卖出套期保值操作。但从这家现货贸易企业角度考虑，则不然。因在每年的某些阶段，如果现货成交低迷导致流动性差的话，手中订单很难短时间转让或者导致库存高企，价格一旦连续大幅度下挫的话，很多中小贸易企业则面临流动性差导致现货库存出现大幅度缩水的巨大风险。因此，在某些特殊时期，对于具有很强能力的小型贸易商而言，在期货市场高抛低吸完成销售经营也未尝不可。但这种能力并不是每个贸易商都能具备的，为此我们并不提倡中小型贸易企业采取这种投机方式进行现货经营，而是应把期货市场作为现货经营过程中用以规避风险的工具，切勿将现货经营老本行轻易舍弃。

十三、现货企业在参与套期保值时，为什么要重视基差的变化?

在套期保值交易中，如果现货市场和期货市场价格变动的幅度完全相同，那么无论是进行的买入套期保值还是卖出套期保值，均能够使两个市场的盈亏完全相抵，实现完全的套期保值。但在实际操作中，两个市场的变动趋势虽然相同，但变动的幅度在多数情况下是不相同的，在这种情况下，两个市场的盈亏不会完全相互抵消，可能出现净利润或者净亏损的情况，这会影响到套期保值的效果，从这个角度上看套期保值交易也是存在风险的。许多企业虽然深知套期保值的原理和原则，但是，在具体实践中往往没有达到预期的保值效果，有的以失败告终和产生新的风险，其中重要的一条就是没有把握好期货市场客观存在的基差因素。因此，现货企业要做好期货市场套期保值业务，必须研究、运用和管理好基差，做好基差管理工作。

基差的概念

所谓基差（Basis），指的是某一特定地点某种商品的现货价格与同种商品的某一特定期货合约价格之间的价差。用公式表示为：基差 = 现货价格 - 期货价格。

在实践中如果没有附加说明，其中的期货价格应是离现货月份最近的期货合约的价格。例如，2009 年 12 月 7 日，国内某港口的 24 度棕榈油现货价格为 6700 元/吨，当日，最近一个合约是大连商品交易所棕榈油期货 1001 合约的收盘价是 6858 元/吨，则基差为 -158 元/吨。但需要注意的是，特定的交易者可以拥有自己特定的基差。例如，对于一个棕榈油交易商来说，所指的基差可能是该交易商实际购买棕榈油现货的成本与进行套期保值所持有的某一交割月的期货价格的差额。所购买的棕榈油等级可能不同于期货合约规定的标准等级，所指的某一交割月的期货合约也可能不是最近的交割月的期货合约。例如，2009 年 11 月 24 日，某贸易商以 6200 元/吨的价格从某港口进口贸易商手中采购 500 吨棕榈油现货，同时以 6700 元/吨的价格卖出大连商品交易所棕榈油期货主力 1009 合约，对他而言，基差就为 -500 元/吨。

十四、基差不变时，现货企业如何进行套期保值？

现货、期货价格波动的幅度完全一致，买入或者卖出两种套期保值方式在两个市场的盈亏均完全相抵，在不考虑手续费、资金占用成本等因素条件下，套期保值者的风险得到完全规避。

【案例 6 - 8】

国内港口某粮油企业主要经营棕榈油的贸易业务，主要通过港口进口商进货并将之以合适价位出售给终端需求市场。自进入 2009 年 6 月份之后，棕榈油价格开始从高位逐步回落，当时，棕榈油消费呈现消费旺季不旺的局面。棕榈油期货市场的弱市回调及现货需求低迷则加剧了现货商继续看淡后市的心理。如果棕榈油期价进一步回落的话，估计部分在置库存过大的贸易商会出现恐慌性抛售的局面，届时则会加剧市场的波动程度。而对于这家中小贸易企业而言，拥有棕榈油高位库存 1200 吨，后市面临着价格再次大幅度下挫风险。因此，该企业决定卖出棕榈油期货主力 1001 合约进行卖出套期保值。6 月 12 日 CBOT 豆油期货大幅下跌，给国内油脂市场带来了沉重的压力。特别是大连商品交易所棕榈油期货的继续跳水表演令贸易商备受煎熬。此时，港口的贸易商开始大量抛售，部分港口的 24 度棕榈油已经跌至 6500 元/吨整数关口，市场整体恐慌情绪浓厚。于是该企业 6 月 15 日在大连商品交易所卖出棕榈油期货 1 月合约进行库存全部保值，共计卖出棕榈油 1 月份合约 120 手，成交均价为 6270 元/吨，现货价格为 6480 元/吨。卖出之后，棕榈油期货、现货价格均出现快速回落，7 月 10 日，期货价格进入低价区域，现货价格趋于平稳，在马来西亚出口数据利多以及 MPOB 公布的 6 月末库存数据低于市场预期的影响下，港口部分贸易商开始积极入市采购。基于资金回笼考虑，该企业将手中库存以 5800 元/吨价位出售给内陆某油厂的同时，在大连商品交易所棕榈油期货市场以 5590 元/吨均价买入 120 手了结期货头寸。通过这一套期保值操作，虽然现货市场价格出现了大幅度下挫导致库存缩水，销售现货损失 680 元/吨。但在期货市场上的交易盈利了 680 元/吨，从而消除了价格不利变动的影响，企业通过期货市场实现效益稳定。具体操作见表 6－8。

表 6－8　基差不变时现货企业进行套期保值的过程

日期	现货市场	期货市场
2009 年 6 月 15 日	价格：现货 6480 元/吨 操作：库存 1200 吨	价格：P1001－6270 元/吨 操作：卖出 120 手（1200 吨）棕榈油合约，基差 210 元/吨
2009 年 7 月 10 日	价格：现货成交价 5800 元/吨 操作：库存销售完毕	价格：P1001－5590 元/吨 操作：买入 120 手（1200 吨）棕榈油合约了结头寸，基差 210 元/吨
各市场结果	亏损： （6480－5800）×1200 =81.6 万元	盈利： （6270－5590）×120×10 =81.6 万元
套期保值效果	基差不变，套期保值者的风险得到完全规避	

十五、基差走强时，现货企业如何进行套期保值？

卖出套期保值者存在净盈利，买入套期保值者存在净亏损。因为基差走强意味着期货价格走势弱于现货价格，所以卖空期货的卖出保值在期货上盈利会超过现货，而买入套保正好相反。

【案例 6－9】

2009 年 4 月 30 日，国内某内陆地区棕榈油的大贸易商与港口某进口棕榈油企业签订合同提前采购 8000 吨 24 度棕榈油入库，以备夏季消费。5 月 4 日，五一小长假后现货棕榈油价格跳升至 6450 元/吨。按照历年的合作惯例，这批棕榈油在 9 月初会有辖区内众多方便面企业集中提货，因 9 月初学生和民工的消费开始启动。但该企业通过对市场的良好判断，认为现在虽然是消费旺季刚开始，但价格相对于年初涨幅过大，而且下游零售意愿也不强，因此判断价格仍有回落空间。于是，在 5 月 4 日，该企业一次性卖出 800 手棕榈油期货 0909 合约进行保值，均价在 6580 元/吨。到 7 月 31 日棕榈油 0909 合约在三周多时间的横盘振荡之后，价格选择向上突破。而此时某食品企业怕后期价格会连续上涨，导致原料采购成本增加，于是跟此企业敲定全部 8000 吨的货，价格在 5800 元/吨。与此同时，此企业在同一天以 5900 元/吨的价格在期货市场了结相应现货头寸。具体操作见表 6－9。

表 6－9　基差走强时现货企业进行套期保值的过程

	期货市场	现货市场
5 月 4 日	6580 元/吨卖出 800 手	价格 6450 元/吨，基差 －130 元/吨
7 月 31 日	5900 元/吨买入 800 手棕榈油平仓，盈利（6580－5900）×800×10＝544 万元	5800 元/吨卖出现货 8000 吨，亏损（6450－5800）×8000＝520 万元，基差 －100 元/吨
总盈亏	544－520＝24 万元。本例中基差走强，因此可实现风险完全规避后仍有利润。总利润等于基差走强的幅度与开仓手数的乘积	

企业参与期货交易主要发生的成本如下：

卖出套期保值交易保证金：

6580 元/吨 ×10 吨/手 ×800 手 ×13% =684.32（万元）（保证金比例为 13%）

交易手续费：

12 元/手 ×800 手 ×2 =1.92（万元）（卖出 800 手，买入 800 手，共交易 1600 手）

3 个月的资金使用成本（计算按照一年期定期存款利率 2.25%）：

684.32 万元 ×2.25% ×1/12 ×3 =3.85（万元）

从该盈亏情况来看，通过此次套期保值，该企业基本上规避了棕榈油现货市场价格下跌的风险。如果该企业没有参与套期保值，一旦现货价格走低，它必须承担由此造成的 520 万元损失，但通过套保，期货市场的盈利抵消了现货市场的亏损的同时，还获得了 24 万元的超额利润。综合计算，该企业通过将近 3 个月时间的卖出套期保值交易，用较少的成本 5.77 万元（1.92 万元 +3.85 万元）基本规避了现货市场风险敞口面临下跌的风险，充分体现了期货市场对现货企业经营的重要性。

十六、基差走弱时，现货企业如何进行套期保值？

卖出套期保值者存在净亏损，买入套期保值者存在净盈利，因为基差走弱意味着期货价格走势强于现货价格。在价格趋升时，期货价格上涨幅度要大于现货价格；在价格趋降时，期货价格下跌幅度要大于现货价格。因此，买入期货的买入保值在期货上的盈利超过现货，而卖出保值的正好相反。

【案例 6 -10】

在开放条件下，棕榈油价格的大涨大落无疑加大了港口进口贸易企业在置库存的风险，尤其当价格走势与贸易企业判断不一致的时候，对于库存消化速度慢的油脂贸易企业来说，可谓是损失惨重。而对于资金紧张的企业来说，其资金链很容易断裂，为此破产的可能性很大。受金融危机影响，棕榈油现货需求一直处于低迷状态，尤其棕榈油自进入消费旺季以来，出现旺季不旺格局，这对于棕榈油现货进口贸易企业 H 来说，其库存消化速度慢将成为其最大的风险。在棕榈油需求前景不容乐观的背景下，港口某贸易企业现有的 4000 吨棕榈油高位库存短时间很难消化掉。而此时正处于农忙季节，整个油脂市场进入了暂时的需求淡季。与此同时，马来西亚大马交易所基准 8 月毛棕榈油期货合约在 2500 林吉特/吨一线止跌的可能性不大，后市仍有继续下挫的需求。受此影响，国内油脂市场有望进入持续振荡下滑的态势。为规避库存风险，该企业决定通过套期保值对敞口库存进行保值，防范后市价格大跌的风险。为此，该企业于 2009 年 6 月 8 日卖出棕榈油主力合约 0909 进行套期保值。具体操作见表 6－10。

表 6－10　　基差走弱时现货企业进行套期保值的过程

时间	剩余库存	现货市场（24 度棕榈油）	期货市场	期货盈亏	现货盈亏
6 月 8 日	4000 吨，国内棕油需求陷入低迷期	现货价格：7000 元/吨 操作：无	P0909 价格：6610 元/吨 操作：卖出 400 手（4000 吨）棕榈油合约，对库存保值，基差 390 元/吨		
6 月 16 日	1000 吨，现货出现恐慌性抛盘	现货价格：6550 元/吨 操作：卖出棕榈油 3000 吨	P0909 价格：6290 元/吨，基差 260 元/吨 操作：根据现货消化数量卖出 300 手（3000 吨）棕榈油合约，余 100 手卖出合约	96 万元	－135 万元
6 月 17 日	0，现货抛售趋于理性	现货价格：6560 元/吨 操作：市价卖出棕榈油 1000 吨	P0909 价格：6250 元/吨，基差 310 元/吨 操作：根据现货消化数量，等量买入 100 手（1000 吨）棕榈油合约对冲期货套保头寸，余 0 手卖出合约	4 万元	1 万元
合计盈亏：－34 万元。本案例中基差走弱，因此并不能实现风险的完全规避				100 万元	－134 万元

卖出套期保值交易保证金：

6610 元/吨 ×10 吨/手 ×400 手 ×13% =343.72（万元）（保证金比例为 13%）

交易手续费：

12 元/手 ×400 手 ×2 =0.96（万元）（卖出 400 手，买入 400 手，共交易 800 手）

10 天的资金使用成本（计算按照一年期定期存款利率 2.25%）：

343.72 万元 ×2.25% ×1/12 ×1/3 =0.21（万元）

从该盈亏情况来看，通过此次套期保值，该企业基本上规避了棕榈油现货市场价格下跌的风险。如果该企业没有参与套期保值，一旦现货价格走低，它必须承担由此造成的 134 万元损失，但通过套保，尽管没有获得超额利润，但期货市场的盈利基本抵消了现货市场的大部分亏损。综合计算，该企业通过 10 天的卖出套期保值交易，用较少的成本 1.17 万元（0.96 万元 +0.21 万元）基本规避了现货市场亏的风险，充分体现了期货市场对现货企业经营的重要性。

十七、企业风险管理体系设置和相关职责是怎样的?

本着权力分散、相互监督制约、领导有力的原则，企业套期保值管理体系可分为：战略管理层、执行操作层、监督层三个层次。各部门共同配合、相互协作、相互制衡。具体的机构设置如下：

一是董事会期货监督管理委员会，属于战略管理层。这是期货风险的最高监管部门，审定期货套期保值是否符合企业的套期保值原则，对套期保值决策行使监督权和否决权，规避了企业最高权力人单独决策的判断风险。对于此战略管理层，还要对套期保值的效果进行评估，对期货操作人员的工作进行考核，要期货现货结合起来总体评估。

二是期货部，属于执行操作层。期货部根据公司实际生产、销售情况，制订企业期货保值计划和方案，根据保值方案按计划下达交易指令并成交。很多企业由相关现货供销部门负责期货，而对于规模较大的集团化企业而言，应建立单独的期货部门。

三是期货财务部，属监督层。此部人员一般可以由财务部人员兼任，主要监督控制期货资金的出入。财务部负责资金调拨、结算、交易监督、会计核算、风险管理、合规检查工作。人员由战略管理层任命，主要负责期货套期保值业务日常的风险监督、控制，按要求每期提交监督报告。

十八、企业如何制定行之有效的套期保值政策？

制定行之有效的套保政策是企业对套期保值的目标和原则作出明确规定的过程。保值政策的内容通常包括：开展保值必须具备的前提条件、保值目标、保值比例、保值时间跨度、保值工具选择规定等。保值政策应经过企业高层决策机构批准，并成为企业保值业务必须遵守的根本大法。

在保值交易开始前，企业应根据套期保值计划和棕榈油现货价格变动的具体情况制订保值方案，保值方案应体现业务的实际需求，包括棕榈油价格波动风险的基本情况、棕榈油期货保值合约的选择、保值数量的上下限、保值价格或确定保值价格的原则、结束交易的时间等内容。保值方案批准后由财务部和油脂部负责实施，任何期货交易都必须在保值方案得到批准后方可进行。具体应注意的问题有几下几点：

（一）企业参与套期保值的指导思想和原则

企业领导应充分认识到套期保值的重要性。高级管理层应重视套期保值工作，要了解基本的期货知识，并随时关注套期保值的具体情况。一方面这是对具体操作人员的支持，另一方面也可以加强监督。

进行套期保值交易应当遵循的基本原则是“品种相同、方向相反，月份相同（近）、数量相等”。这是保证期货市场和现货市场当中一个市场出现亏损时，必有另一市场的盈利加以弥补的条件。

（二）充分认识套期保值的防御性特征

棕榈油现货企业参与期货市场进行套期保值交易，目的是为了规避价格波动的风险，力图以一个市场的盈利来弥补另一个市场的亏损，以保证正常的经营利润，不要企图通过套期保值交易来获取厚利。如果在保值交易中期货账户发生亏损，企业在现货市场一定会有相应的收益，总体上的经营利润水平不会受到实质影响。

（三）资金使用留有余地

虽然期货交易采用保证金机制，即只需缴纳交易金额一定比例的资金即可进行期货交易，从而对大宗现货商品所面临的价格风险提供保护。目前，国内各期货公司对棕榈油期货合约收取的保证金比例不尽相同，一般在交易金额的13%左右，考虑到在期货合约持有期间价格波动可能会产生一定的浮动亏损，交易过程中还会发生费用，因此，保值交易投入的资金应以不低于所保值棕榈油在置库存总额的30%为宜。

（四）健全会计核算制度

健全会计核算制度，就是遵循会计原理中的配比原则，将在现货市场已采购原料的采购支出与在期货市场进行套期保值所产生的平仓盈利或者亏损相配比，调整并确定该商品的销售成本或者采购成本。

《企业会计准则第24号——套期保值》的出台，规范了期货市场套期保值的账务操作，使期货市场向更健康的方向发展，也反映了政府对套期保值避险功能的重视，政府鼓励、支持企业参与套期保值，从而使企业能稳定经营，更好地为国家和社会服务。

十九、企业如何看待套期保值效果的评估?

（一）从两个市场的综合损益而不是单个市场的损益进行评价

套期保值的根本目的是锁定企业在一定时期的经营成本或盈利，而不是从单边市场获得价格变动的收益。因此，评价套期保值效果要看是否达到预定目标，从损益指标看应该是两个市场盈亏相抵后的净值，而不是单个市场的盈亏。

（二）从长期表现而不是一个特定时期的结果进行评价

棕榈油现货企业为了追求长期的稳定发展，套期保值方案的实施往往会跨越数月。套期保值效果当然也要从多个月份的综合结果进行评价，不能因为一个特定时期的结果否定既定方案。假如在棕榈油消费淡季月份，贸易企业通过在期货市场上提前对库存棕榈油做卖出保值，可以减少棕榈油价值缩水造成的损失，理论上应该能够很好地锁定收益；而在棕榈油消费旺季的月份，提前在期货市场上买入棕榈油合约，可以把现货市场上的进口成本抵消掉一部分。如果企业始终坚持严格的套期保值交易，从长远来看，无论棕榈油价格如何变化，因为做了有效的套期保值，企业的盈利模式是平稳的，不会出现大幅度的波动，这也是符合企业长期利益的。因此，仅仅根据企业几个月或某一年期货套保头寸的亏损而随意夸大期货套保风险是不恰当的。

（三）期货与营销系统合并考核

期货市场套期保值业务与企业产品营销系统的业绩合并考核是企业套期保值业务评价体系的一大特色。有的企业现货和期货业务绩效独立考核，现货业务收益高则相关人员奖金高，期货业务收益高则相关人员奖金高，现货与期货业务相关人员没有有机的合作和配合，使企业不能科学地安排套期保值的具体操作。如果市场价格走势与初始的预期相反，不仅影响期货市场套期保值业务操作人员的积极性，也违背了期货市场套期保值的根本原则。现货企业应将期货与现货业务归并于同一个营销系统，对整个营销系统进行考核，使产品销售部门和期货市场套期保值业务操作部门积极主动地沟通信息、制订方案、密切配合，获得良好的经营效果。

二十、除了套期保值之外，企业如何利用棕榈油期货进行期现套利操作？

所谓期现套利是指当期货市场与现货市场在价格差距发生不合理变化时，交易者就会在两个市场进行反向套利，利用价差变化获利的行为。期现套利的类型，可分为正向套利和反向套利。正向套利是买入现货同时卖出期货；而反向套利，是卖出现货同时买入期货。在正向市场中，即远期合约价格高于近期合约价格时，实施正向套利将实现无风险套利。即便在反向市场中实施正向套利，其风险也是有限的而盈利是无限的。

任何交易行为都存在成本，期现套利亦不例外。当期货价格高出现货价格一定幅度的前提下，才可以进行正向套利，现货价加上这个幅度后的价格称为上边界；反之，期货价必须低于现货价一定幅度时，才可以进行反向套利，将现货价减去这个幅度后的价格称为下边界。当期货价位于上下边界之间时，无法进行期现套利，因而将这个上下边界之间称为无套利区间。由此可见，期现套利成功的关键在于精确计算无套利区间（套利的交易成本），包括交割整理成本、运输成本、发票、质检成本、入库成本和仓储成本等。从棕榈油期现价差历史数据得到，棕榈油期现价差基本位于（-800，1000）区间内运行，套利机会层出不穷，投资者可以在合理价差上下浮动特定点位时进行期现套利操作，可以获得较为稳定的收益。对于现货企业如何利用棕榈油期货进行期现套利，我们将在下文进行详细讲解。

二十一、利用棕榈油期货进行期转现有哪些优点？

（一）期转现有利于降低交割成本

期货中引进期转现，有利于生产经营企业、加工企业和销售企业顺利接到现货，节约搬运、整理和包装等费用。

（二）期转现使买卖双方可以灵活地选择交货地点、时间和品级等

期转现能够满足加工企业和生产经营企业对不同品级货物的要求，加工企业和生产经营企业可以灵活地选择交货地点，降低了交货成本，弥补了期货标准化过程中所失去的灵活性。

（三）期转现可以提高资金的利用效率

期转现既可以使生产、经营和加工企业回避价格风险，又可以使企业提高资金使用效率。加工企业如果在合约到期集中交割，必须一次拿出几百万甚至几千万元购进原料，增加了库存量，一次性占用了大量资金。期转现可以使企业根据加工需要，分批分期地购回原料，减轻了资金压力，减少了库存量。生产经营企业也可以提前和分批收到资金，用于生产。

（四）期转现比“平仓后购销现货”更有优越性

期转现使买卖双方在确定现货买卖价格的同时，确定了相应的期货平仓价格，由此可以保证期现市场风险同时锁定。如果买卖双方采取平仓后再购现货的方式，双方现货价格商定后，有可能因平仓时期货价格波动而给一方带来损失。

（五）期转现比远期合同交易和期货交易更有利

远期合同交易可以回避价格风险，但面临违约问题和流动性问题，面临被迫履约问题。期货交易虽没有上述问题，但在交割品级、交割时间和地点的选择上没有灵活性，而且成本较高。期转现吸收了上述交易的优点，同时

又解决了上述交易中存在的问题。

二十二、企业为什么要利用棕榈油期货进行融资?

长期以来，由于规模较小，固定资产少，约有80%的中小企业存在贷款难和融资难的问题，探索仓单质押融资业务可帮助有棕榈油现货的中小企业获得贷款。该业务打破了固定资产抵押贷款的传统思想，而且与传统的融资方式相比不会大幅度增加企业融资成本。目前，中小企业急需资金周转、库存商品过多造成短期流动资金不足，用仓单质押贷款方式可解决融资难的问题，盘活企业资金，增加了企业投资机会，深受中小企业的欢迎。

标准仓单质押贷款的概念

所谓标准仓单质押贷款是指借款人以其自有的，经期货交易所注册的标准仓单为质押物向商业银行申请正常生产经营周转的短期流动资金贷款业务。由于标准仓单是由期货交易所统一制定，指定交割仓库在完成入库商品验收、确认合格后签发给货主的实物提货凭证，是由期货交易所的信誉作保证的，相对于非标准仓单质押贷款而言，该产品具有贷款监管便利、质押物变现力强等优势，从而既有利于缓解企业生产经营过程中流动资金紧缺的问题，又有利于商业银行控制信贷风险。

二十三、标准仓单质押贷款业务有哪些优势?

从本质上讲，标准仓单质押贷款属于仓单质押贷款的一种，只是质押标的物为标准仓单而已。因为标准仓单本身的特点，以及在产品设计时考虑了市场需求因素而对传统操作模式有所调整，所以标准仓单质押贷款相对于非标准仓单质押贷款而言，更易控制风险，也更贴近市场。具体来说，标准仓单质押贷款具有以下四大优势：

一是安全性。标准仓单是期货市场的产物，其标准化程度高，并由期货交易所对标准仓单的生成、流通、管理、市值评估、风险预警和对应商品的存储（对指定交割仓库的资格认定、日常管理）等进行严格的监管。银行可以直接利用或借鉴期货交易所这些规范的管理机制控制信贷资金风险。

二是时效性。为了满足客户对贷款时效性的要求，对借款人核定可循环使用信用额度，以简化贷款审批程序，使借款人能够便捷地使用贷款。

三是实用性。若客户在贷款未到期前，需要在期货交易所交割出货但又没有足够的资金赎回质押仓单时，银行可通过与该客户及其期货经纪公司签订“三方协议”的方式，先释放标准仓单，然后由该期货经纪公司将交割回笼资金划入客户在银行开立的存款账户，优先用于归还银行的贷款本息。这样做，不但有利于更好地满足客户对银行短期流动资金贷款的切实市场需求，也有利于银行规避贷款逾期的风险。

四是联动性。从某种意义上讲，标准仓单质押贷款的客户是银行与期货经纪公司共同的客户，该项贷款产品的推出，不但能够有效地拓展银行的市场领域，促进金融创新，而且还能吸引客户及其期货经纪公司将期货交易保证金账户转入银行，从而带动银行期货交易结算等中间业务的发展，提高综合竞争力。

二十四、标准仓单质押贷款业务流程有哪些?

标准仓单质押业务贷款按照业务流程基本可分为两类：一是根据部分商业银行申请，为其开通了标准仓单质押登记及质权行使通道，为出质人和质权人提供质押登记服务；二是配合没有取得质押登记及质权行使通道的商业银行依据银行、期货公司、客户等三方申请将客户仓单予以冻结。因为各家商业银行的内部管理不尽相同，所以对标准仓单质押授信的具体操作流程和要求也不完全一致。

通过质权登记及质权行使通道办理的模式大致是：客户向贷款行递交申请材料——贷款行接收审核材料并授信审批——签订合同——质押登记——发放贷款——贷款监控、偿还——处置仓单。建设银行等在审查客户材料时，根据其财务状况和经营规模进行划分。对认定为中小型企业的借款人，直接根据“速贷通”业务有关规定给予一定的贷款额度。对大型企业客户，要先进行评级和授信，然后在核定的额度内受理单笔仓单质押贷款业务；光大银行等则直接根据客户财务状况和经营规模进行授信（不参与授信评级），然后在核定的期限和额度内受理单笔仓单质押贷款业务。

不通过质权登记及质权行使通道办理仓单质押授信的模式，在签署质押合同之后要办理仓单冻结，步骤是：客户通过期货公司向交易所递交冻结仓单的声明书，期货公司向交易所递交冻结仓单的专项授权书，同时贷款行向交易所递交冻结仓单的通知书。交易所同意后，协助银行将质押部分的仓单予以冻结，并向银行出具仓单冻结确认书。这个模式中，商业银行没有在交易所申请质权登记及质权行使通道，而是与客户、客户所在期货公司之间签署三方质押协议，期货公司配合银行实现对仓单的处置。

自 测 题

一、选择题

1. 以下说法不正确的是(　　)。

A. 通过期货交易形成的价格具有周期性

B. 系统风险对投资者来说是不可避免的

C. 套期保值的目的是为了规避价格风险

D. 因为参与者众多、透明度高，期货市场具有发现价格的功能

2. 期货交易中套期保值的作用是(　　)。

A. 消除风险　　B. 转移风险

C. 发现价格　　D. 交割实物

3. 本着权力分散、相互监督制约、领导有力的原则，企业套期保值管理体系可分为(　　)。

A. 企业期货领导小组　　B. 期货部

C. 期货财务部　　D. 交易监督部

4. 某食品企业为了避免棕榈油现货价格风险，在大连商品交易所做买入套期保值，买入10手棕榈油期货合约建仓，基差为 -20 元/吨，卖出平仓时的基差为 -50 元/吨，该加工商在套期保值中的盈亏状况是(　　)。

A. 盈利3000元　　B. 亏损3000元

C. 盈利1500元　　D. 亏损1500元

5. 多头套期保值者在期货市场采取多头部位以对冲其在现货市场的空头部位，他们有可能(　　)。

A. 正生产现货商品准备出售

B. 储存了实物商品

C. 现在不需要或现在无法买进实物商品，但需要将来买进

D. 没有足够的资金购买需要的实物商品

二、判断题

1. 套期保值是指以完全回避现货价格风险为目的的期货交易行为。 (　　)

2. 现货市场与期货市场价格随着期货合约到期日的临近，两者趋向一致。 (　　)

3. 同种商品的期货价格走势与现货价格走势基本一致。 (　　)

4. 套期保值主要分为买入保值和卖出保值。 (　　)

5. 买入套期保值是指经营者为了回避将来购进商品时因价格上涨给自己造成采购成本增加，而预先在期货市场上买入同等数量的期货合约进行保值。 (　　)

6. 卖出套期保值是指市场经营者为了回避将来价格下跌的风险，提前在期货市场卖出数量相应的期货合约。 (　　)

7. 所谓基差，指的是某一特定地点某种商品的现货价格与同种商品的某一特定期货合约价格间的价差。 (　　)

8. 套期保值的根本目的是锁定企业在一定时期的经营成本或盈利，而不是从单边市场获得价格变动的收益。 (　　)

参考答案

一、选择题

1. A　2. B　3. ABC　4. A　5. C

二、判断题

1. ×　2. √　3. √　4. √　5. √　6. √

7. √　8. √

第七章 棕榈油期货的实物交割

【本章要点】

交割是联系期货市场与现货市场的纽带和桥梁，也是促使期货价格和现货价格趋向一致的制度保证。大商所棕榈油期货自上市以来，成交量不断增加，充足的流动性为现货企业参与期货市场提供了前提条件。随着服务、贴近于现货市场的一系列交易制度的实施，期转现交易、仓单质押等新的延伸业务模式已经在棕榈油期货交易中实行，更为相关棕榈油企业参与这一市场大开方便之门。可以说，相关现货企业在棕榈油期货交易中是可以大有作为的，期货服务国民经济的能力得到进一步的体现。

一、棕榈油期货交割有哪些特点？

在期货交易中真正进行交割的合约并不多，在成熟的国际商品期货市场上，交割率一般不超过5%、我国期货市场的交割率一般也在3%以下。尽管最终进行实物交割的期货合约的比例非常小，但正是这极少量的实物交割将期货市场与现货市场联系起来，为期货市场功能的发挥提供了重要的前提条件。截至2010年1月19日，我国棕榈油期货共交割5.788万吨，成交金额59743.09万元，整体呈现以下特点。

（一）基准交割地交割量最大

目前，我国棕榈油期货基准交割地为广东省，非基准交割地为江苏、浙江、天津、上海等地，其中江苏、浙江、上海升水50元/吨，天津升水100元/吨。截至2009年3月底，广东、江苏、浙江及天津等地均有实物交割发生，其中，广东省共发生实物交割46540吨，占总交割量的80%以上；江苏、浙江共发生实物交割11140吨，占总交割量的17%左右；天津市实物交割量较小，仅有1590吨。交割主要发生在广东、江苏等地，尤以广东省为主。

棕榈油指定交割仓库分为基准交割仓库和非基准交割仓库，分别设在广东省、上海市、浙江省、江苏省和天津市等地，交易所可视情况对指定交割仓库进行调整。指定交割仓库名录由交易所对外公布。

（二）仓库交割方式为主

根据棕榈油品种特点，大连商品交易所分别设置了16家棕榈油期货指定交割仓库以及3家交割厂库。由于棕榈油是纯进口品种，国内并无生产能力，棕榈油期货交割更多地发生在交割仓库。截至2009年3月31日，棕榈油期货指定交割仓库共发生实物交割47210吨，占交割总量的82%；指定交割厂库共发生实物交割10670吨，占交割总量的18%。

（三）实物交割率较低

截至2010年1月19日，棕榈油期货仅发生8次交割，分别为合约P0805、P0809、P0901、P0905、P0906、P0908、P0909以及P1001，对应的交割量依次为2201手、692手、2895手、245手、30手、5手、500手及1825手。

（四）仓库负责检验

按照大商所标准仓单管理办法的相关规定，由棕榈油指定交割仓库对申请注册仓单的棕榈油商品进行检验，以一个油池、一个油罐或一个车槽为检验单位。检验合格后，指定交割仓库可向会员或客户开具“标准仓单注册申请表”，会员或客户凭指定交割仓库开具的“标准仓单注册申请表”到交易所办理标准仓单注册手续。《大连商品交易所棕榈油标准仓单管理办法》规定：“指定交割仓库按交易所有关规定对入库商品进行检验。入库商品检验合格后，指定交割仓库将有关检验报告报交易所。”“棕榈油以一个油池、一个油罐、一个车槽为一个检验单位。”

（五）仓单存续期短

按照棕榈油标准仓单管理办法的相关规定，棕榈油标准仓单必须在每个交割月份最后交割日后3个工作日内注销。目前，棕榈油期货合约的上市月份包括全年12个月份，因此，棕榈油标准仓单实行每月注销，棕榈油标准仓单的有效期往往要低于30个自然日。棕榈油期货交割数据显示，截至2009年12月，棕榈油标准仓单的存续期大多在15个自然日之内，通常很少超过30个自然日。《大连商品交易所棕榈油标准仓单管理办法》规定：“棕榈油标准仓单在每个交割月份最后交割日后3个工作日内注销。”

棕榈油交割的相关费用

1. 棕榈油交割手续费为1元/吨，检验费为3元/吨。

2. 入库、出库费用实行最高限价。各指定交割仓库应在每年10月1日之前将下一年度入库、出库最高费用标准上报交易所，交易所核准后，于当年11月1日之前予以公布。

3. 棕榈油仓储及损耗费（包括储存费、保管损耗）收取标准为0.90元/吨天。

二、参与棕榈油期货市场的交割方式有哪些？

期货交割是指期货合约到期时，交易双方通过该期货合约所载商品所有权的转移，了结到期未平仓合约的过程。投资者的实物交割须由会员办理，并以会员的名义在交易所进行。

一般而言，这种了结未平仓合约有实物交割和现金交割两种方式，目前在国内上市的商品期货都采用实物交割的方式，具体到大连商品交易所上市的棕榈油期货则存在期转现和一次性交割两种方式。

三、当满足什么条件时，企业可以进行棕榈油期转现业务？

具体地讲，买卖双方只要满足以下四个条件，均可通过交易所会员向交易所申请进行期转现。

一是持仓，即买卖双方持有同一合约月份的历史头寸，并且数量相等、方向相反。如买方持有 5 手棕榈油 1005 多头，卖方持有 5 手 1005 空头。

二是期限，大连商品交易所规定，棕榈油期转现的期限为该合约上市之日起至交割月份前一个月倒数第三个交易日（含当日）。

三是买卖双方要协商一致，都有意愿按双方同意的价格进行期转现，并共同申请。

四是卖方应有相应的仓单，买方备有相应货款，并持有现货买卖协议。

四、企业如何办理棕榈油期转现业务？

具体地讲，期转现业务办理主要涉及以下三个环节：

（一）头寸处理

假设，买方持有 5 手 P1005 多头，卖方持有 5 手 P1005 空头并有 50 吨棕榈油，双方同意在 10 月 22 日以 6000 元/吨申请期转现。10 月 21 日 P1005 的结算价为 5922 元/吨，双方的持仓将以 5922 元/吨平仓。

（二）交割

期转现分为标准仓单期转现和非标准仓单期转现，两者在交割环节有所不同。

采用标准仓单进行期转现，会员应在交易日 11：30 前向交易所提出申请，交易所在申请的当日内予以审批。在批准日结算前，卖方会员应将相应数量的标准仓单交到交易所，买方会员应将按协议价格计算的全额货款划入交易所账户，由交易所负责办理标准仓单期转现的仓单交收和货款支付。

采用非标准仓单进行期转现时，交易所在收到申请后的 3 个交易日内予以审批。此外，与标准仓单期转现不同的是，交易所对非标准仓单期转现的货物交收和货款支付不承担保证责任，货物交收和货款支付由交易双方自行协商确定，但在现货交易结束后交易双方应向交易所提交货物交收和货款支付证明，交易所有权对交易双方的现货行为进行监督和核查。

（三）结算

期转现批准日结算时，交易所将交易双方的期转现持仓按协议价格进行结算处理，产生的盈亏计入当日平仓盈亏。同时，将期转现的持仓从当日持仓量中扣除，并在每个交易日结束后，将当日执行的期转现有关信息予以公布。

期转现操作流程见图 7－1。

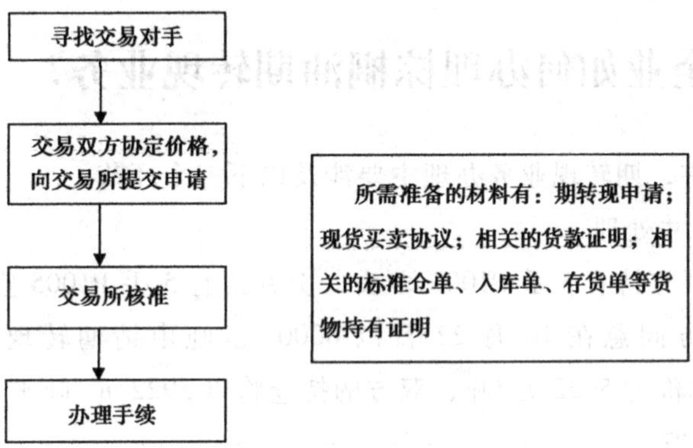

图 7－1　期转现操作流程

【案例 7－1】

实际操作中，期转现交易更加灵活和低成本。我们以 A 和 B 企业的交易为例来说明期转现的实务操作比单纯期货操作和现货买卖的优势。

A 企业在 9 月 1 日期货市场上以 6500 元/吨买入 P0911 合约 20 手多单；同时 B 企业担心价格下滑，也在 P0911 合约做保值，9 月 10 日以 6070 元/

吨的均价卖出400手。随后A企业面临中秋国庆双节备货，无奈之下与B企业接洽，商讨在期货市场上用期转现交易购买200吨棕榈油。经过几轮商讨之后，最终定下在9月25日结算价格的基础上加50元/吨作为期转现的交易价格，即是卖方B企业贴水50元/吨。9月25日期货市场结算价格为5770元/吨，A、B企业以5800元/吨的成交价格做期转现交易20手。A、B商定的交收价格为平仓价格减去200元/吨即5600元/吨。同时，B企业通过交易所进行仓单划转，交易所负责现金划转80%。9月28日，B企业开具增值税发票，交易所把余下的20%货款交予B企业，期转现交易完成。

期转现交易过后：

A企业实际购入价格=5600元/吨-（5800-6500）元/吨=6300元/吨

B企业实际卖出价格=5600+（6070-5800）=5870元/吨

如果不进行期转现，A、B企业实际购入、销售棕榈油价格分别为6500元/吨和6070元/吨。对B企业来说，虽然销售价格低了，但是节约了交割成本；对A、B企业总体来说，期转现使其总共节省了相当于交割成本的金额。

五、棕榈油期转现业务面临的主要风险点有哪些？

期转现风险环节主要在于买方货款是否足额、卖方能否及时提供增值税发票，其他操作均不存在风险。对于这两种情况，期货交易所交割细则中都作了明确的处罚措施。如果有一方违约，将支付对方高达20%的违约金，这是高昂的违约成本，所以至今期货交割中没有出现一例违约事件。因为买卖双方均委托交易所进行结算以及资金划拨，所以不存在信用风险，能够保证货与款的安全。期转现实现的费用节省为交割成本，因此与交割相比，期转现对双方都有利。

六、企业如何办理一次性交割？

一次性交割的具体操作步骤如下：

1. 最后交易日闭市后，交易所按“最少配对数”的原则通过计算机对交割月份持仓合约进行交割配对。配对结果一经确定，买卖双方不得变更。

2. 最后交易日闭市后，交易所将交割月份买持仓的交易保证金转为交割预付款。

3. 最后交割日闭市后，交易所按“最少配对数”原则将卖方交割的各仓库仓单分配给对应的配对买方。分配结果一经确定，买卖双方不得变更。

4. 最后交割日闭市前，卖方会员须将与其交割月份合约持仓相对应的全部标准仓单和增值税发票交到交易所，买方会员须补齐与其交割月份合约持仓相对应的全额货款。

5. 最后交割日闭市后，交易所给买方会员开具标准仓单持有凭证，交易所将80%的货款付给卖方会员，交易所在收到卖方会员提交的增值税专用发票后，将剩余的20%的货款付给卖方会员。

一次性交割的概念

一次性交割是指所有到期合约在交割月份最后交易日过后一次性集中交割的交割方式。在合约最后交易日后，所有未平仓合约的持有者都必须进行实物交割，同一客户号买卖持仓相对应部分的持仓视为自动平仓，不予办理交割，平仓价按交割结算价计算。

交割结算价是期货合约自交割月第一个交易日起至最后交易日所有成交价格的加权平均价。

七、棕榈油期货的交割基准地为何设在广东省？

根据现货市场的实际情况，大连商品交易所将广州地区设为棕榈油期货交割的基准地，这主要考虑以下因素。首先，广州地区年平均气温比较高，24度棕榈油在一年中的大部分时间都呈液态，这使得该地区24度棕榈油作为食用油直接使用的情况较为普遍，其价格受勾兑到其他油品种销售等因素影响较少，稳定性比较好。其次，广州地区距离马来西亚和印度尼西亚比较近，同时影响棕榈油价格的因素较少，反映的价格信息更纯粹、真实。此外，广东省是我国目前棕榈油进口量、加工量及销售量最大的省份，符合国内棕榈油现货市场的供求和贸易格局，有助于实现棕榈油期货的价格发现功能。

八、不同地区的运费是如何设置的？

目前，进口棕榈油到上海地区运费比到广州地区约高50元/吨，到天津地区运费比到广州地区约高100元/吨，并且运费差较为稳定。另外，根据2005~2007年的月价格数据，张家港和天津港棕榈油港口批发价格平均比黄埔港高约50元/吨和100元/吨，绝大多数时间价格稳定，仅在个别时间，价差关系出现不正常情况。鉴于以上因素，大商所将棕榈油交割升贴水进行了以下设置。上海市、浙江省、江苏省和天津市分别对基准交割地广东省升水50元/吨、50元/吨、50元/吨和100元/吨。

九、哪些行为可构成交割违约？

交易所规定，具有下列行为之一的，构成交割违约：在规定期限内，卖方未能如数交付标准仓单的；在规定期限内，买方未能如数解付货款的。

其中，在计算买方交割违约合约数量时，违约部分应预留合约价值20%的违约金和赔偿金。具体的计算公式如下：卖方交割违约合约数量（手）=应交标准仓单数量（手）-已交标准仓单数量（手）；买方交割违约合约数量（手）=［应交货款（元）-已交货款（元）］÷（1-20%）÷交割结算价（元/吨）÷交易单位（吨/手）。

十、对棕榈油期货交割违约行为的处理方式有哪些？

构成交割违约的，由违约方支付违约部分合约价值5%的违约金，同时按以下办法处理：

一是卖方违约的，买方可作如下的一项选择。

（1）终止交割：交易所退还买方货款。

（2）继续交割：交易所在最后交割日后的三个交易日内发布标准仓单征购公告，并在最后交割日后的第 7 个交易日组织征购。征购成功，交易所支付给买方标准仓单；征购失败，卖方支付给买方违约部分合约价值 15% 的赔偿金，交易所退还买方交割货款后终止交割。卖方承担因征购产生的一切经济损失和费用。

二是买方违约的，卖方可作如下的一项选择。

（1）终止交割：交易所退还卖方标准仓单。

（2）继续交割：交易所在最后交割日后的三个交易日内发布标准仓单竞卖公告，并在最后交割日后的第七个交易日组织竞卖。竞卖成功，交易所支付给卖方交割货款；竞卖失败，买方支付给卖方违约部分合约价值 15% 的赔偿金，交易所退还卖方标准仓单后终止交割。买方承担因竞卖产生的一切经济损失和费用。

十一、棕榈油期货标准仓单是如何生成的？

标准仓单的生成包括交割预报、商品入库、验收、指定交割仓库开具标准仓单、交易所签发等环节。具体做法如下：

1. 货主发运商品入库换取标准仓单，须通过其委托的经纪会员提前向交易所申报商品运输计划，内容包括品种、等级（品牌）、数量、发货单位、发货站（港）、车（船）次、装运日期、预期到达日期及拟入指定交割仓库名称等。交易所在库容允许情况下，根据就近入库原则，按照货主意愿，在 3 个交易日内开出“入库通知单”。货主须按交易所指定的指定交割仓库发货，未办理交割预报入库的货物不能用于交割。“入库通知单”自开出之日起 30 日内有效。

2. 指定交割仓库必须按交易所有关规定对商品的种类、品牌、质量、包装及相关凭证等进行验收，验收合格后，填制“大连期货交易所指定交割仓库交割商品入库验收报告单”（一式三份，货主、指定交割仓库和交易所各执一份），并开具标准仓单。

3. 进库商品的数量、质量以指定交割仓库实际验收结果为准。货主应到库监收。货主不到库监收，视为同意指定交割仓库的验收结果。

4. 指定交割仓库开具标准仓单须符合下列要求：

（1）一张标准仓单的数量必须是一张合约最小交割单位的数量；

（2）标准仓单所示商品的质量、包装等条件必须符合交易所有关规定；

（3）同一标准仓单所示商品必须是同一品种、同一生产厂（同一产地或同一批次）、同一牌号或同一等级；

（4）认真填写应由指定交割仓库填写的有关内容，字迹清楚，涂改无效；

（5）指定交割仓库开具的标准仓单必须加盖仓库公章并由经办人和审核人员签字；

（6）指定交割仓库开具标准仓单后应将详细资料记录在案并及时通报交易所。

5. 指定交割仓库或有关会员须携带标准仓单和入库验收报告单到交易所办理签发有效标准仓单手续。

6. 交易所在交割月份的最后交易日前一交易日起不再受理用于当月交割的标准仓单签发申请。

什么是标准仓单

标准仓单是交易所指定交割仓库按照交易所规定的程序签发的符合合约规定质量的实物提货凭证，是可以在交易所流通的实物所有权凭证。它由指定交割仓库在完成入库商品验收、确认合格并签发“货物存储证明”后，按统一格式制定并经交易所注册。经交易所注册后，标准仓单可用于交割、转让、提货、冲抵等。

十二、棕榈油标准仓单如何流通？

标准仓单流通是指标准仓单用于在交易所履行合约的实物交割、标准仓单交易及标准仓单在交易所外的转让。其中，标准仓单进行实物交割的，按交割细则规定办理；标准仓单交易的组织和实施办法由交易所另行制定、公布。标准仓单转让必须通过会员在交易所办理过户手续，同时结清有关费用。交易所向买方签发新的“标准仓单持有凭证”，原“标准仓单持有凭证”同时作废。未通过交易所办理过户手续而转让的标准仓单，发生的一切后果由标准仓单持有人自负。

十三、棕榈油标准仓单如何进行注销?

标准仓单注销是指标准仓单合法持有人到交易所办理标准仓单退出流通手续的过程。标准仓单持有人注销标准仓单，须通过会员提交标准仓单注销申请及相应的“标准仓单持有凭证”，注销相应的标准仓单后结清有关费用，并开具“提货通知单”。货主必须在“提货通知单”开具后10个工作日内到指定交割仓库办理提货手续，并在实际提货日5天前，凭“提货通知单”与指定交割仓库联系有关出库事宜。提货时，货主须向指定交割仓库提供提货人身份证、提货人所在单位证明，同时与仓库结清自标准仓单注销日次日至提货日的有关费用。

延伸阅读：关于企业参与套期保值的会计处理

为更好指导企业利用套期保值期货交易规避价格风险，稳定经营利润，消除经营管理者因套期保值会计核算对经营业绩产生影响的顾虑，同时考虑到目前执行的会计准则与有关规定存在一定差异，我们进行了一定梳理、归纳，希望能够对经营管理者进行决策有所启发，对财务人员进行会计核算有所帮助。

- 套期保值的原理

套期保值，是指企业为规避商品价格风险、外汇风险、利率风险、股票价格风险、信用风险等，借助一项或一项以上套期工具（如商品期货合约），利用套期工具的公允价值或现金流量变动，抵消被套期项目（如库存商品）全部或部分公允价值或现金流量变动。套期保值本身并不产生收益，只是通过套期工具将被套期项目风险进行了全部或部分抵消。

- 企业套期保值的目的和方式

企业经营的目标和优势是追求经营利润，而不是投机收益。为保障经营利润，企业可通过套期保值提前锁定经营利润，将未来的商品价格风险进行转移，使企业不会因为原材料成本上涨或库存商品销售价格下降对经营利润产生较大的影响。影响企业经营利润的因素有很多，其中原材料采购成本上涨、库存商品销售价格下降一般是影响企业经营利润的主要因素。

为规避原材料成本上涨产生的风险，可以做买入套期保值期货交易；为规避库存商品价格下跌产生的风险，可以做卖出套期保值期货交易。

● 套期保值会计适用的前提条件

（1）在套期开始时，企业对套期关系（即套期工具和被套期项目之间的关系）有正式指定，并制定了关于套期关系、风险管理目标和套期策略的相关制度。该制度至少载明了套期工具、被套期项目、被套期风险的性质以及套期有效性评价方法等内容。套期必须与具体可辨认并被指定的风险有关，且最终影响企业的损益。

（2）该套期预期高度有效，且符合企业最初为该套期关系所确定的风险管理策略。

（3）套期有效性可以可靠计量。

（4）企业应当持续地对套期有效性进行评价，并确保该套期在套期关系被指定的会计期间内高度有效。

● 套期保值涉及的会计科目

（1）办理套期保值期货交易的企业，应设置“期货保证金”科目，并在该科目下设置“套保合约”和“非套保合约”明细科目，分别核算企业进行套期保值交易和非套期保值（投机）交易买、卖期货合约所占用的资金。

（2）办理套期保值期货交易的企业，应设置“套保损益”科目，核算企业在办理套期保值交易过程中所发生的手续费、结算盈亏以及被套期项目公允价值的变动金额。

● 案例说明

2010 年 3 月 11 日，某棕榈油现货企业为规避所持有棕榈油存货公允价值变动风险，决定在期货市场上建立套期保值头寸，并指定期货合约P为棕榈油存货价格变化引起的公允价值变动风险的套期。期货合约P的标的资产与被套期项目存货在数量、质量、价格变动和产地方面相同。

2010年3月11日，期货合约P的公允价值为零，被套期项目（棕榈油存货）的账面价值和成本均为1 000 000元，公允价值是1 100 000元。2010年4月1日，期货合约P的公允价值上涨了25 000元，棕榈油存货的公允价值下降了25 000元。当日，企业将棕榈油存货出售，并将期货合约P结算。

棕榈油企业采用比率分析法评价套期有效性，即通过比较期货合约P和棕榈油存货的公允价值变动评价套期有效性。该企业预期该套期完全有效。

假定不考虑期货合约的时间价值、商品销售相关的增值税及其他因素，棕榈油企业的账务处理如下（金额单位：元）：

（1）2010年3月11日

借：被套期项目——库存商品　　1 000 000

　　贷：库存商品　　1 000 000

（2）2010年4月1日

借：套期工具——期货合约　　25 000

　　贷：套期损益　　25 000

借：套期损益　　25 000

　　贷：被套期项目——库存商品　　25 000

借：应收账款或银行存款　　1 075 000

　　贷：主营业务收入　　1 075 000

借：主营业务成本　　975 000

　　贷：被套期项目——库存商品×　　975 000

借：银行存款　　25 000

　　贷：套期工具——期货合约P　　25 000

注：棕榈油企业采用了套期策略，规避了棕榈油存货公允价值变动风险，因此其存货公允价值下降没有对预期毛利额100 000元（即1 100 000－1 000 000）产生不利影响。

套期保值主要会计处理分录列举：

（1）付出期货保证金

借：期货保证金——非套保合约

　　贷：银行存款

（2）开仓建立套期保值头寸时

借：期货保证金——套保合约

　　贷：期货保证金——非套保合约

对于相应的现货商品做如下会计分录：

借：被套期项目——库存商品

　　贷：库存商品

（3）支付经纪公司手续费

借：套期损益（投资收益）

　　贷：期货保证金——套保合约

（4）公允价值变动

借：套期损益

　　贷：被套期项目——库存商品　或相反

（5）报表日浮动盈亏

借：期货保证金——套保合约

　　贷：套期损益　或相反

（6）平仓盈亏

借：期货保证金——套保合约

　　贷：套期损益　或相反

（7）合约平仓了结结转保证金

借：期货保证金——非套保合约

　　贷：期货保证金——套保合约

（8）现货售出后结转成本

借：主营业务成本

　　贷：被套期项目——库存商品

（资料来源：《期货日报》，2009 年 6 月 23 日，刘运之）

自 测 题

一、选择题

1. (　　)保证了现货市场与期货市场价格随期货合约到期日的临近，两者趋向一致。

A. 期货保证金制度　　B. 期货交割制度

C. 持仓限额制度　　D. 强行平仓制度

2. 根据现货市场的实际情况，大连商品交易所将(　　)设为棕榈油期货交割的基准地。

A. 广东省　　B. 天津市

C. 山东省　　D. 江苏省

3. 棕榈油指定交割仓库分为(　　)。

A. 基准交割仓库　　B. 非基准交割仓库

C. 基准交割仓库和非基准交割仓库

二、判断题

1. 棕榈油标准仓单实行每月注销，棕榈油标准仓单的有效期往往要低于30个自然日。(　　)

2. 现货市场与期货市场价格随着期货合约到期日的临近，两者趋向一致。(　　)

3. 随着期货制度的逐步完善，保值者不一定要等到现货交割才完成保值行为，而可在期间根据现货价格、期货价格变动，进行多次的停止或恢复保值的活动，不但能有效地降低风险，还能保证获取一定的利润。(　　)

参考答案

一、选择题

1. B　　2. A　　3. C

二、判断题

1. √　　2. √　　3. √

第八章 棕榈油期货的投机

【本章要点】

期货市场的交易者从来就是由两部分组成的，除了前述相关企业之外，众多的投机者是期货市场不可或缺的组成部分。期货市场的投机者是以承担行情判断失误而致亏损为代价以博取风险收益的，某种意义上说是“凭智慧赚钱”，并无不光彩之处。本章就投机者参与棕榈油期货交易、投机交易要做哪些准备以及如何判断棕榈油行情趋势等问题作了详细解答。投机者多为与棕榈油并无关联的非专业人士，因此，关于棕榈油行情趋势的分析方法除了对基本面分析法进行介绍外，重点就期货市场通用的多种技术分析方法进行了较为详细的介绍，以期提高投资者对于行情趋势判断的准确程度，提高投资交易的胜算率。但需要提醒投资者注意的是，投机的技巧需要在长期的交易实践中自行摸索，并无千篇一律的所谓技巧，只有适合自己的，才是最好的。投机交易者必须牢记，“期货有风险，入市需谨慎”。

一、与套期保值相比较，期货投机交易的特点有哪些？

简单来说，投资者参与棕榈油期货交易的方式有投机、套利和套期保值三种。其中，套期保值主要用于棕榈油现货企业规避现货价格波动风险。而对于非现货企业即投机投资者而言，主要通过投机和套利两种方式参与棕榈油期货交易。

期货投机交易指在期货市场上以获取价差收益为目的的期货交易行为。投机者根据自己对期货价格走势的判断，作出买进或卖出的决定，如果这种判断与市场价格走势相同，则投机者平仓出局后可获取投机利润；如果判断与价格走势相反，则投机者平仓出局后承担投机损失。由于投机的目的是赚取差价收益，所以，投机者一般只是平仓了结持有的期货合约，而不进行实物交割。

套利交易，也叫价差交易，它利用期货市场中不同月份、不同市场、不同商品之间的相对价格差，同时买入和卖出不同种类的期货合约，来获取利润。交易者买进自认为是“便宜的”合约，同时卖出那些“高价的”合约，从两合约价格间的变动关系中获利。进行套利交易时，投资者关注的是合约之间的相互价格关系，而不是单一合约的绝对价格水平。如果价差的变动方向与当初的预测一致，投资者可从合约价差的变动中获利，若价差变动与最初的预测不一致，则出现亏损。

在我国，通常将套利看成是投机的一种，因为一定程度上，套利也可以看成是对合约价差关系的一种投机。不过，在国外，目前有很多专家将套利视为发挥着特定作用的具有独立性质的与投机交易不同的一种交易方式。

期货投机的主要特点是高风险、高收益，由于期货价格波动频繁且期货实施保证金交易，故单纯以判断价格涨跌为盈利模式的投资方式，本身就隐含巨大的风险，不过如果方向判断准确，在保证金交易的情况下，就会获得高额收益。期货投机交易就是以投资者自愿承担价格波动风险为前提追求高额收益的投资行为。

期货套利交易的特点是：低风险、低收益和低成本。套利交易同时买卖两个或多个高度相关的期货合约，具有一定的对冲特性，可以为避免价格剧烈波动而引起的损失提供某种保护，故其承担的风险通常较单边的投机交易要低得多；低风险对应的是低收益，合约之间的价差变动幅度明显低于单个合约的价格变动幅度，故单笔套利交易的收益率一般低于单笔投机交易的收益率；另外，一般来说，套利包含了两笔交易，并且这两笔交易是同时发生的，为了鼓励不同期货合约间的套利，国外的交易所规定套利的佣金支出比一个单盘交易的佣金费用要高，但又不及一个回合单盘交易的两倍。同时，由于套利的风险较小，在保证金的收取上小于单纯投机交易，大大节省了资金的占用。所以，套利交易的成本较低。

另外，由于期货套利交易需要的资金量较大，通常要求投资者具有较强的专业知识，而且单笔收益率较低，因此一般比较适合机构投资者大资金运作。对于个人投资者来说，参与更多的还是期货投机交易。

二、是不是所有的商品期货都适合做投机交易?

理论上来说，所有上市交易的商品期货都可以做投机交易，但并非所有品种都适合您。例如，大连商品期货交易所的玉米期货、郑州商品期货交易所的强麦期货和硬麦期货，由于这些期货合约的标的——玉米和小麦受国家政策影响比较大，价格波动幅度较小，盈利空间比较小，不适合以利润最大化为目标的投机资金的操作。另外，大连商品交易所的豆二期货、郑州商品交易所的硬麦期货和菜籽油期货，市场成交非常不活跃，参与投机交易的冲击成本较大，因此也不适合投机资金参与。而棕榈油期货作为我国目前唯一一个纯进口品种，受国内外市场影响的因素众多，其价格波动频繁并波动幅度剧烈，因此相比小麦期货、玉米期货而言，更适合进行投机交易。

三、你适合做期货投机交易吗?

相对于债券、基金和股票等其他投资方式，期货交易由于实施保证金交易和当日结算制度而具有更高的风险，因此对投资者的控制风险能力、风险承担能力等要求更高，因而不是所有的个人投资者都适合参与期货投机交易的。

每一个打算参与期货投机交易者，在交易前都要做一下自我评估，看看自己是否适合参与期货投机交易。

首先，看看自己是否有足够的资金应付在期货交易中各种可能遭遇到的损失，通常而言，收入来源不稳定、生活较为拮据的人不适合参与期货投机交易。其次，看看自己是否具有足够的心理和身体条件承担期货价格波动风险。参与期货交易前要做好亏损的心理准备，防止实际亏损出现时，不能理智对待，作出错误的决定。另外，参与期货投机交易的投资者也要具有良好的身体条件，一般来说，老年人和患有心脏病等疾病的投资者不适合参与期货交易。最后，看看自己是否有足够的时间收集市场内外的各种信息和观察盘面。和股票、债券等投资方式等不同，期货交易实施每日无负债结算制度，一旦亏损且不能及时补充资金，就会被强行平仓，因此需要有足够的时间分析和观察盘面变化情况以及账户资金情况，通常而言，经常在外奔波、业务繁忙的人不适合参与期货投机。

四、期货投机交易中，有哪些切实可行的交易策略和交易技巧？

商品期货的交易中，正确运用好的交易策略特别重要。下面我们介绍一些日常投资交易中切实可行的交易策略和交易技巧。

（一）平均买低和平均卖高策略

如果建仓后市场行情与预测方向相反，可采用平均买低和平均卖高的策略。在买入合约后，如果价格下跌则进一步买入合约，以求降低平均买入价，一旦价格反弹可在较低价格上卖出止亏盈利，这称为平均买低。在卖出合约后，如果价格上涨则进一步卖出合约，以提高平均卖出价格，一旦价格回落可以在较高价格上买入止亏盈利，这就是平均卖高。

（二）“金字塔”式的买入和卖出

如果建仓后市场行情与预料相同并已经使投机者获利，可以增加持仓。增仓应遵循以下两个原则：只有在现有持仓已经盈利的情况下，才能增仓，并且持仓的增加应渐次递减。

如果建仓后，虽市场变动有利，但投机者增加仓位不按原则行事，每次买入或卖出的合约份数总是大于前次买入或卖出的合约份数，买入或卖出合约的平均就会和最近的成交价相差无几，只要价格稍有下跌或上升，便会吞食所有利润，甚至蚀本。因而，倒“金字塔”式买入不应提倡。

（三）掌握限制损失、滚动利润的原则

在交易出现损失并且损失已经达到事先确定数额时，应立即对冲了结，认输离场。过分的赌博心理只会造成更大损失。在行情变动有利时，不必急于平仓获利，而应尽量延长拥有持仓的时间，充分获取市场有利变动产生的利润。投资者即使投资经验非常丰富，也不可能每次投资都会获利。出现损失并不可怕，怕的是不能及时止损，酿成更大的亏损。

（四）清淡的月份不要做

季节性或交易旺淡季的影响，有的合约交投比较清淡，有的合约交投比较活跃。活跃的月份有足够的容纳量，所以冲击力相对减弱，价位波动不会太大。然而，在不活跃的月份进行交易，因为市场容纳量少，即使一笔不大的交易，都会引起大的震荡，容易产生无量上升或者无量下跌。做新单难有对手，想平仓难以脱手，此时，投资者面临的流动性风险较大，因此不建议投资者参与清淡的期货合约。

五、如何利用技术分析预测棕榈油期货走势？

利用技术分析来预测棕榈油期货走势一般从以下三个方面入手，价格、成交量和持仓量。图表中反映最直接的就是价格以及成交量和持仓量，其他指标都是根据这三个基本要素进行分析编写的。以价格为基础分析方法一般称为趋势分析，主要包括均线、MACD和形态分析。以成交量和持仓量为基础的分析方法称为量能分析，主要包括OBV、VR和逆时针曲线。市场上对量的分析比较少，且难以把握，大部分投资者对量的分析不了解，市场上主流的分析方法为均线和形态分析。为使投资者更好的利用技术分析，把握棕榈油期货走势，下面我们将会对这些常用方法进行详细的分析，并加以实际案例进行分析。

六、如何利用趋势参与棕榈油期货?

技术分析的三大理论基础之一便是价格呈趋势变动，故在技术分析中，趋势的概念是核心内容。在市场上“永远顺着趋势交易”，“决不可逆趋势而动”。

通常情况下，市场不会朝任何方向直来直去，市场运动的特征就是曲折蜿蜒，它的轨迹酷似一系列前赴后继的波浪，具有相当明显的峰和谷。所谓市场趋势，正是由这些波峰和波谷依次上升或下降的方向所构成的。无论这些峰和谷是依次递升，还是依次递降，或者横向延伸，其方向就构成了市场的趋势。

（一）趋势具有三种方向

趋势有上升、下降和横向延伸趋势三种方向。上升趋势指一系列依次上升的峰和谷；下降趋势指一系列依次下降的峰和谷；横向延伸趋势指一系列依次横向伸展的峰和谷。上升和下降趋势，比较好理解。横向延伸趋势表明，市场在一段时间内处于均衡状态，也就是说，在上述价格区间中，供求双方的力量达到了相对的平衡。很多时候，把这种情况看成是“没有趋势”。仅就保守的估计来看，至少有三分之一的时间，价格处在水平延伸的形态中。

期货交易商有三种选择——先买后卖（做多头）、先卖后买（做空头）、观望。当市场上升的时候，先买后卖当然是上策。而在市场下跌的时候，第二种选择则是首选。顺理成章，逢到市场横向延伸的时候，第三个办法——观望通常是最明智的。

（二）趋势具有三种类型

趋势不但具有三个方向，而且通常还可以划分为三种类型。这三种类型就是主要趋势、次要趋势和短暂趋势。在市场上，从覆盖几分钟或数小时的非常短暂的趋势开始，到延续 50 年乃至 100 年的极长期趋势为止，随时都有无数个大大小小的趋势同时并存，共同作用。通常在期货交易中，我们通常将 6 个月左右视为主要趋势；三个星期到数月定义为次要趋势；短于 2 到 3 个星期则定义为短暂趋势。

（三）趋势线

所谓趋势线就是上涨行情中两个以上的低点的连线以及下跌行情中两个以上高点的连线。前者被称为上升趋势线，后者被称为下降趋势线。上升趋势线的功能在于能够显示出价格上升的支撑位，一旦价格在波动过程中跌破此线，就意味着行情可能出现反转，由涨转跌；下降趋势线的功能在于能够显示出价格下跌过程中回升的阻力，一旦价格在波动中向上突破此线，就意味着价格可能会止跌回涨。

在研判趋势线时，应谨防主力利用趋势线作出的"陷阱"。一般来说，在价格没有突破趋势线以前，上升趋势线是每一次下跌的支撑，下降趋势线则是价格每一次回升的阻力。价格在突破趋势线时，如果出现缺口，反转走势极可能出现，并且出现反转后价格走势有一定的力度。价格突破下降趋势线的阻力而上升时，一般需大成交量的配合，而价格向下突破上升趋势线时，成交量一般不会放大，而是在突破后几天内成交量急剧放大。

黄金分割线

黄金分割（Golden Section）是一种数学上的比例关系。黄金分割具有严格的比例性、艺术性、和谐性，蕴藏着丰富的美学价值。黄金分割线是利用黄金分割比率进行的切线画法，在行情发生转势后，无论是止跌转升或止升转跌，以近期走势中重要的高点和低点之间的涨跌额作为计量的基数，将原涨跌幅按0.191、0.382、0.5、0.618、0.809分割为5个黄金点，价格在反转后的走势将可能在这些黄金分割点上遇到暂时的阻力或支撑。其中黄金分割线中运用最经典的数字为0.382、0.618，极易产生支撑与压力。

黄金分割线是期货市场中最常见、最受欢迎的切线分析工具之一，实际操作中主要运用黄金分割线来揭示上涨行情的调整支撑位或下跌行情中的反弹压力位。不过，黄金分割线没有考虑到时间变化对价格的影响，所揭示出来的支撑位与压力位较为固定，投资者不知道什么时候会到达支撑位与压力位。因此，如果指数或价格在顶部或底部横盘运行的时间过长，则其参考作用要打一定的折扣。

很多期货交易者信奉技术分析，他们认为能够影响某种商品期货价格的任何因素——基础的、政治的、心理的或任何其他方面的——实际上都反映在其价格之中，即“市场行为包容消化一切”。由此推论，他们所需要做的事情就是研究价格变化。而价格又是以趋势方式演变的，“趋势”概念是技术分析的核心。研究价格图表的全部意义，就是要在一个趋势发生发展的早期，及时准确地把它揭示出来，从而达到顺着趋势交易的目的。事实上，技术分析在本质上就是顺应趋势，即以判定和追随既成趋势为目的。那如何运用趋势的判断方法进行棕榈油期货交易？以下将结合案例来介绍这种常用的方法。

【案例 8－1——趋势线在棕榈油期货市场的应用】

所谓趋势线就是上涨行情中两个以上的低点的连线以及下跌行情中两个以上高点的连线。前者被称为上升趋势线，后者被称为下降趋势线。上升趋势线的功能在于能够显示出价格上升的支撑位，一旦价格在波动过程中跌破此线，就意味着行情可能出现反转，由涨转跌；下降趋势线的功能在于能够显示出价格下跌过程中回升的阻力，一旦价格在波动中向上突破此线，就意味着价格可能会止跌回涨。

××期货交易者据此理念参与棕榈油期货的交易，因其是长线投资者，所以在分析棕榈油期货时，是以周 K 线图作为分析的基准，同时配合日线图的走势加以确定。其分析交易的过程如下：2009 年 7 月初，该投资者以棕榈油期货主力 0909 合约为交易对象（见图 8－1），选取了棕榈油上市以来的几个重要点位，作为划上行趋势线重要的参考点。一个是 2007 年 12 月 14 日当周的最低点作为上行趋势线的起点，另一个是 2008 年 4 月 3 日当周最低点作为两点确定一条直线的另一重要点位。这两点的连线便形成了一条标准的上行趋势线。其要点在于：2008 年 7 月 11 日以前的期货交易所有价格要完全在此趋势线之上才是标准的趋势线，它涵盖了所有价格的表现，即体现了市场行为包涵一切的假定条件。2008 年 7 月 18 日的期价开始向下突破趋势线，同时日线也发出了同样的突破信号。但值得注意的是此次突破是否为成功突破，这需要一定的判定标准。该投资者以两方面作为判断标准：一是时间上，需要 2～3 日的确定。二是幅度上，须达到一定的百分比，即 2%～3%。因在 7 月 18 日价格下破，基本达到了其判定突破的标准，并且突破万元大关，所以该投资者选择当日放空该合约 50 手，价位在 9990 元/

吨。因趋势未改变，该投资者一直持有该合约，直到步入交割月前将头寸远移1001合约。最终以8000元/吨平仓获利，1手盈利1990元/吨，此笔交易总共获利99.5万元。

图8-1 大连商品交易所棕榈油0909合约周K线走势

图片来源：博弈大师。

投资者在画趋势线时应注意的问题

（1）趋势线根据价格波动时间的长短分为长期趋势线、中期趋势线和短期趋势线，长期趋势线应选择长期波动点作为画线依据，中期趋势线则是中期波动点的连线，而短期趋势线建议利用30分钟或60分钟K线图的波动点进行连线。

（2）画趋势线时应尽量先画出不同的实验性线，待价格变动一段时间后，保留经过验证能够反映波动趋势、具有分析意义的趋势线。

（3）趋势线的修正。以上升趋势线的修正为例，当价格跌破上升趋势线后又迅速回到该趋势线上方时，应将原使用的低点之一与新低点相连接，得到修正后的新上升趋势线，能更准确地反映出价格的走势。

（4）趋势线不应过于陡峭，否则很容易被横向整理突破，失去分析意义。

在研判趋势线时，应谨防主力利用趋势线作出的“陷阱”。一般来说，在价格没有突破趋势线以前，上升趋势线是每一次下跌的支撑，下降趋势线则是价格每一次回升的阻力。价格在突破趋势线时，如果出现缺口，反转走势极可能出现，并且出现反转后价格走势有一定的力度。价格突破下降趋势线的阻力而上升时，一般需大成交量的配合，而价格向下突破上升趋势线时，成交量一般不会放大，而是在突破后几天内成交量急剧放大。

七、如何利用技术形态参与棕榈油期货?

绝大多数趋势的变化都不是突如其来，事实上，趋势在发生重要变化之前，通常需要一段时间的酝酿。问题在于，这种酝酿时期并不总是意味着将要发生反转，很多时候，只是原有趋势的修正。这就是下面我们要研究的两种价格形态——反转突破形态和持续整理形态。反转突破形态，顾名思义，即这种形态一旦形成意味着趋势将要发生重要反转；而持续整理形态指市场仅仅是暂时作一段时间的休整，将近期的超卖或超买状况消化后，仍将沿着原有趋势发展。

（一）反转形态

我们主要介绍一下日常分析中最常见、最重要的反转形态——头肩形反转形态。头肩形反转形态，又包括头肩顶和头肩底两种。

头肩顶形态是一种见顶卖出信号，具有下列特征：在上升途中出现了三个波峰，分别称为左肩（A 点）、头部（C 点）和右肩（E 点）。其中左肩、右肩的最高点基本相同，而头部最高点比左肩、右肩最高点要高。另外价格在上冲失败向下回落时形成的两个低点又基本上处在同一水平线上，即通常说的颈线（Neck Line），当价格第三次上冲失败回落，并击破颈线时，可以确认头肩顶形态成立。在头肩顶形成过程中，左肩的成交量最大，头部的成交量略小些，右肩的成交量最小。成交量呈递减现象，说明价格上涨过程中力量越来越弱（见图 8 -2）。

头肩底形态与头肩顶形态类似，只不过方向相反，是一种见底买入信号（见图 8 -3）。另外头肩底的成交量呈逐渐增加，左肩最少，头部次之，右肩成交量最大，表明投资者做多动能在增强。

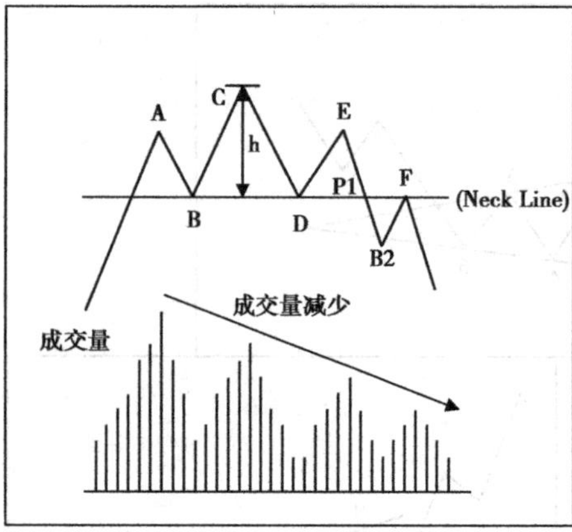

图 8-2 头肩顶反转形态

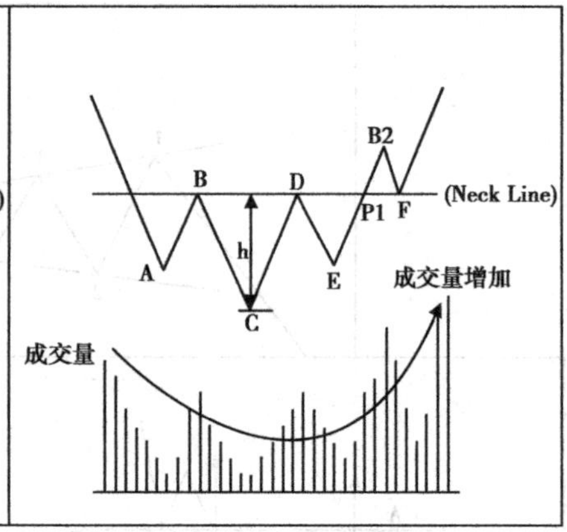

图 8-3 头肩底反转形态

除了头肩形态外，其他反转突破形态还有双重顶（底）、三重顶（底）、圆弧型态以及V型反转等。这些形态基本上都是头肩形态的变形，我们不再详细分析。

持续整理形态主要包括三角形、矩形、旗形和楔形等，其中三角形又分为对称三角形、上升三角形和下降三角形，第一种有时也成为正三角形，后两种合称为直角三角形，每种三角形具有稍微差别的形状，有不同的测试意义。我们主要介绍三角形态。

三角形态具有两条聚拢的趋势线，对称三角形的两条趋势线中，上面的下倾，下面的上升，上升三角形的下边线上倾，上边线水平，下降三角形与之相反，上边线下降，下边线水平。在三角形中，至少要有四个转折点，即市场在每根线上至少要发生两次转折，不过实际上，大部分三角形通常具有六个转折点（见图8-4）。

上升三角形与下降三角形与对称三角形有着很重要的差别，上升三角形和下降三角形不论出现在趋势结构的哪一部分，都具有明确的预测意义，上升三角形看涨，下降三角形看跌。对称三角形本质上是中性形态，但是并不表示它不具备预测价值。因为对称三角形是持续形态，它表示既有趋势将恢复。

和反转形态一样，在三角形态中，交易量也具有重要意义。在三角形

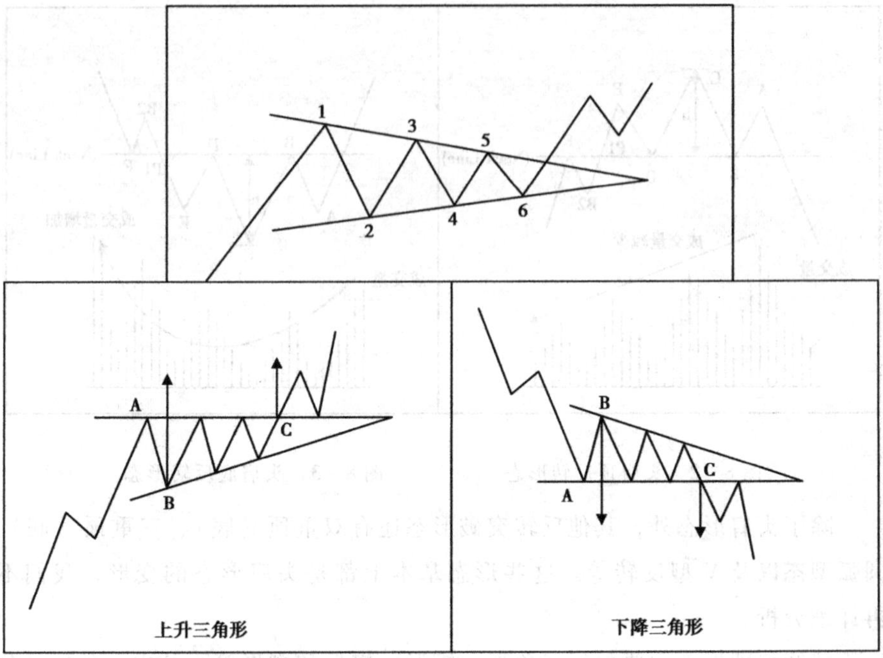

图 8-4　三角形态

中，价格的波动幅度越来越小，交易量也相应日趋萎缩。这种交易量的收缩倾向，在所有的调整性形态中都普遍存在。但是当趋势线被穿越从而形态完成时，交易量会明显的增加。

【案例 8-2——反转形态在棕榈油期货中的应用】

反转形态，包括单日（双日）反转、复合头肩型、三重顶（底）、双重顶（底）、头肩底、头肩顶、圆形顶。这类形态通常表示旧趋势结束，一个新的趋势形成。对于趋势交易者来讲，识别反转形态非常重要。一旦出现反转形态，趋势交易者应立即作出反向交易的决策。

××期货交易者比较喜欢应用形态进行投机交易，因为其认为此种方法准确率相对较高。作为中线投资者的他将棕榈油分析基准定在日 K 线图上，2009 年 5 月底左右选取了当时棕榈油期货主力合约 1009 作为投资对象，并对其进行详尽的分析。其分析如下，当时棕榈油期货 1009 合约正处于上行趋势之中，这个我们可以应用第一个技术方法去分析，连接3月31日和4月29日的低点便可轻易得出一条完美的上行趋势线，在5月26日时，期价在此线处获得了较强的支撑，随后掀起了一波反弹，但期价未能创出新高，表明涨势日渐衰竭。于6月10日彻底击破趋势线，并在6月15日跌破6514元/吨的颈线，就此K线图形成了十分标准的双头（M）形态，在3日收盘确认后，该投资者选择了以6432元/吨的价位沽空棕榈油期货1009合约100手，并预期此轮下跌幅度大约是572元/吨（头部与颈线位的距离）。由于6月26日期价出现了强劲反弹，该投资者为了防范风险，以6202元/吨的价位将一半的仓位平出，锁定了部分利润。7月3日期价达到了其预期目标，但因跌势较凶并未立即出场，而是在跌势趋缓的7月6日以5882元/吨的价位全部离场。此次操作使得该投资者大幅获利达到39万元。

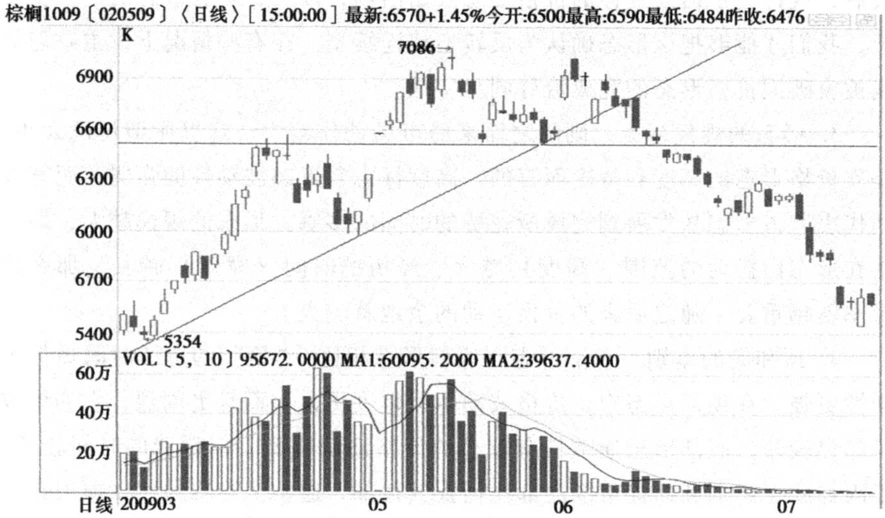

图8-5 大连商品交易所棕榈油1009合约日K线走势

图片来源：博弈大师。

（二）反转形态应用应注意的问题

1. 事先存在趋势的必要性。市场上确有趋势存在是所有反转形态存在的先决条件。市场必须先有明确的趋势，然后才谈得上反转。在图表上，偶尔会出现一些与反转形态相像的图形，但是，如果事前并无趋势存在，那么它便无物可反，因而意义有限。我们在辨识形态的过程中，正确把握趋势的总体结构，有的放矢地对最可能出现一定形态的阶段提高警惕，是成功的关键。

正因为反转形态事先必须有趋势可反，所以它才具备了测算意义。绝大多数测算技术仅仅给出最小价格目标。那么，反转的最大目标是多少呢？就是事前趋势的起点，它的终点就是回到它的起点。如果市场发生过一轮主要的牛市，并且主要反转形态已经完成，就预示着价格向下运动的最大余地便是100%地回撤整个牛市。

2. 重要趋势线的突破。即将降临的反转过程，经常以突破重要的趋势线为其前兆。不过朋友们请记住，主要趋势线被突破，并不一定意味着趋势的反转。这个信号本身的意义是，原趋势正有所改变。主要向上趋势线被突破后，或许表示横向延伸的价格形态开始出场，以后，随着事态的进一步发展，我们才能够把该形态确认为反转型或连续型。在有些情况下，主要趋势线被突破同价格形态的完成恰好同步实现。

3. 形态的规模越大，则随之而来的市场动作越大。这里所谓规模大小，是就价格形态的高度和宽度而言的。高度标志着形态波动性的强弱，而宽度则代表着该形态从发展到完成所花费的时间的多寡。形态的规模越大，即价格在形态内摆动的范围（高度）越大、经历的时间（宽度）越长，那么该形态就越重要，随之而来的价格运动的余地就越大。

4. 顶和底的差别。顶部形态与底部形态相比，“顶”的持续时间短但波动性更强。在顶部形态中，价格波动不但幅度更大，而且更剧烈，它的形成时间也较短。底部形态通常具有较小的价格波动幅度，但耗费的时间较长。正因如此，辨别和捕捉市场底部比捕捉其顶部，通常来得容易些，损失也相应少些。不过对喜欢“压顶”的朋友来说，尚有一点可资安慰，即价格通常倾向于跌快而升慢，因而顶部形态尽管难于对付，却也自有其引人之处。通常，交易商在捕捉住熊市的卖出机会的时候比抓住牛市的买入机会的时候，盈利快得多。事实上，一切都是风险与回报之间的平衡。较高的风险从较高的回报中获得补偿；反之亦然。顶部形态虽然很难捕捉，却也更具盈利的潜力。

5. 交易量在验证向上突破信号时更具重要性。交易量一般应该顺着市场趋势的方向相应增长，这是验证所有价格形态完成与否的重要线索。任何形态在完成时，均应伴随着交易量的显著增加。但是，在趋势的顶部反转过程的早期，交易量并不如此重要。一旦熊市潜入，市场惯于“因自重而下降”。图表分析者当然希望看到，在价格下跌的同时，交易活动也更为活跃，不过在顶部反转过程中，这不是关键。然而，在底部反转过程中，交易量的相应扩张，却是绝对必需的。如果当价格向上突破的时候，交易量形态并未呈现出显著增长的态势，则整个价格形态的可靠性就值得怀疑了。

八、如何利用技术指标参与棕榈油期货？

上面介绍的反转形态和持续整理形态，都属于图表分析，具有较大的主观性，不适合利用计算机，即难以应用于程序化交易，下面我们介绍一下另一种技术分析方法——技术指标。技术指标种类繁多，我们主要简单介绍一下应用最为广泛、最富灵活性的两种技术指标：移动平均线和 KDJ 指标。

（一）移动平均线（MA）

MA 的计算方法就是将最近连续若干天市场价格（通常采用收盘价）进行算术平均，并且随着交易日的更迭，被平均的天数逐日向前推移。天数就是 MA 的参数，例如 10 日移动平均线、5 日移动平均线分别简写成为 MA（10）和 MA（5）。

移动平均线实质上是一种追踪趋势的工具。其目的在于识别和显示旧趋势已经终结或反转、新趋势正在萌生的关键契机。因此，它从不超前于市场，只是追随市场，具有一定的滞后性，一般当 MA 发出反转信号时，价格掉头的深度已经很大了。较短期的移动平均线，比如 5 天或 10 天的移动平均线，比 60 天的移动平均线更贴近价格变化。也就是说，短期移动平均线对价格变化更加敏感，而长期移动平均线则迟钝些。在某些市场上，采用短期移动平均线更有利。而在另外的场合，长期移动平均线却能发挥所长。

移动平均线的计算方法通常有简单移动平均、线性加权算术平均和指数加权平均等。前者指对每一天都一视同仁，赋予相同的权重，而后两者则认为，距当前越近的日子的价格变化应当具有越大的权重。指数加权与线性加权的区别在于，尽管指数加权给予过去价格较小的权重，但却囊括了自期货合约上市以来的所有历史价格。

根据移动平均线进行期货合约的买卖，大致有以下原则：

1. 收市价高于平均线时买入，收市价低于平均线时卖出。

2. 当市价由下而上，超越平均线时买入，当市价由上而下，跌破平均线时卖出。

3. 利用两条时间长短不同的移动平均线买卖。当短期移动平均线由下而上，涨过长期移动平均线时买入，如果短期移动平均线由上而下，跌穿长期移动平均线时卖出。

4. 当收市价高于短期、长期两条移动平均线时买入，当价位低于其中一条平均线时马上平仓；当收市价低于短期、长期两条移动平均线时卖出，当价位高于其中一条平均线时立刻平仓等。

（二）KDJ 指标

KDJ 指标又叫随机指标，是由乔治·蓝恩博士（George Lane）最早提出的。KDJ 指标是根据统计学的原理，通过一个特定的周期内出现过的最高价、最低价及最后的收盘价及这三者之间的比例关系，先计算未成熟随机值 RSV，然后根据平滑移动平均线的方法先后计算 K 值、D 值与 J 值，并绘成曲线图来研判价格走势。RSV、K、D 和 J 的计算公式如下：

n 日 RSV =（Cn - Ln）÷（Hn - Ln）×100

当日 K 值 = 2/3 × 前一日 K 值 + 1/3 × 当日 RSV

当日 D 值 = 2/3 × 前一日 D 值 + 1/3 × 当日 K 值

当日 J 值 = 3D - 2K

公式中，Cn 为第 n 日收盘价；Ln 为 n 日内的最低价；Hn 为 n 日内的最高价。RSV、K 和 D 值始终在 1 ~ 100 间波动。它们的变动可以反映市场买卖双方的力量对比，K、D 值越高，买气越盛，卖气越弱；相反则买气越弱，卖气越盛。

根据 KDJ 指标进行买卖，大致有以下几个原则：

1. K、D 值达到 80 以上时，市场处于超买状态，低于 20 以下，市场处于超卖状态。对于 J 值而言，其取值超过 100 和低于 0，都属于非正常区域，大于 100 为超买，小于 0 为超卖。

2. 当 K 值由较小逐渐大于 D 值，在图形上显示 K 线从下方上穿 D 线，显示目前趋势是向上的，所以在图形上K线向上突破D线时，即为买进的讯号。实战时当K、D线在20以下交叉向上，此时的短期买入的信号较为准确。

3. 当K值由较大逐渐小于D值，在图形上显示K线从上方下穿D线，显示目前趋势是向下的，所以在图形上K线向下突破D线时，即为卖出的讯号。实战时当K、D线在80以上交叉向下，此时的短期卖出的信号较为准确。

4. 通过KDJ与价格背离的走势判断：价格创新高，而KD值没有创新高，为顶背离，应卖出；价格创新低，而KD值没有创新低，为底背离，应买入；价格没有创新高，而KD值创新高，为顶背离，应卖出；价格没有创新低，而KD值创新低，为底背离，应买入。

【案例8-3——移动平均线跟势技术在棕榈油期货中的应用】

移动平均线这种技术指标，最富灵活性，适用最广泛。因为它的构造方法简便，而且它的成绩易于定量地检验，所以它构成了绝大部分顺应趋势的自动交易系统的运作基础。图表分析在很大程度上是主观的，我们很难核查分析者的成绩。因此，图表分析不太适合应用计算机。与此相反，移动平均线的规则却可以简易地编成计算机程序，然后由计算机自动地生成各种买入或卖出信号。不同的图表分析者也许会对同一个价格形态到底属于三角形、还是钻石形，或者对同一个价格形态到底是倾向于看涨、还是看跌而争执不下，但从平均线得出的趋势信号却是精确的，不随我们的主观意志而改变。

下面，我们先为移动平均线下个定义。正如“平均”二字所指，它是最近10天收市价格的算术平均线。所谓“移动”，实质上就是指我们在计算中，始终采用最近10天的价格数据。因此，被平均的数组（最近10天的收市价格）随着新的交易日的更迭，逐日向前推移。在我们计算移动平均值时，最通常的做法是采用最近10天的收市价格。我们把新的收市价逐日地加入数组，而往前倒数的第11个收市价则被剔去。然后，再把新的总和除以10，就得到了新的一天的平均值（10天平均值）。

××期货交易者通过移动平均线跟踪棕榈油的趋势，他认为价格的平均值反映的近交易的平均成本，一旦向上或向下选择突破，后市大幅偏离均线的行情便即将出现。该投机者一般使用的是均线组合，而非单一的均线模式，这样可以避免因异常事件出现造成假突破。其理念之一是均线组合变动的规律，一般遵循从黏合到发散，再从发散到黏合，周而复始的一直演变下去。其具体应用5日、10日、20日、60日四条均线。如图8－6所示：该投资者在2009年3月19日发现棕榈油1009合约均线系统已经黏合了较长的时间，并且价格形成一波一波的上攻态势，处于上涨的态势之中。3月19日棕榈油期价大幅跃升，突破均线组合的缠绕，并创出了月内收盘新高，向上突破确立，其果断做多，以5340元/吨开仓50手。由于3月25日大幅跌破5日均线，为防范风险其减持一半的仓位。3月31日期价在10日均线处获得较强支撑，将仓位补齐至50手。直到4月27日，期价大幅跌破10日均线后，其将前期的仓位以6098元/吨全部获利了结，此笔交易共获利37万余元。

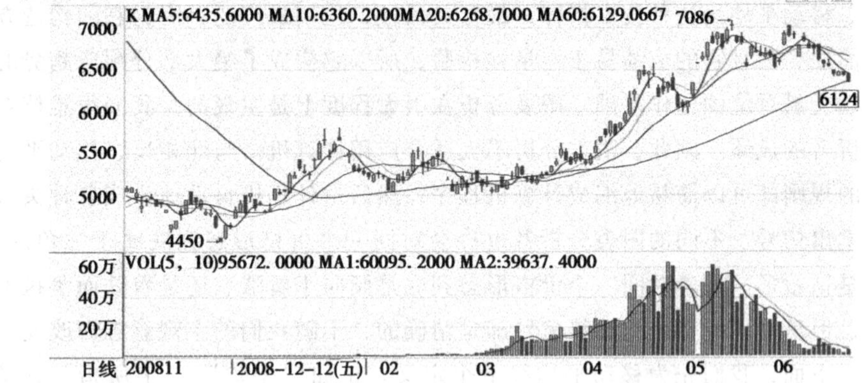

图8－6　大连商品交易所棕榈油1009合约日K线走势

图片来源：博弈大师。

（三）应用移动平均线注意的问题

1. 移动平均线实质上是一种追踪趋势的工具。其目的在于识别和显示旧趋势已经终结或反转、新趋势正在萌生的关键契机。它以跟踪趋势的进程为己任。我们也可以把它看成弯曲的趋势线，然而，这里必须明确，正统的图表分析从不企图领先于市场。移动平均线也不例外，它从不超前于市场，只是追随着市场。仅当事实发生之后，它才能告诉我们，新的趋势已经启动了。

2. 简单移动平均值，即算术平均值，它最常用。但是，其较大的弊端在于对其中每一天都一视同仁。例如，在10天平均值中，最近10天中每一天的分量都同当天的一样，每天的收市价格都占有10%的权重。有些分析者认为，距当前越近的日子的价格变化应当具有越大的权重。为了解决上述权重问题，有人提出了“线性加权移动平均值”的概念。在这种算法中，如果以10天平均值为例，那么，第10天的收市价要乘以10，第9天乘以9，第8天乘以8，依此类推。这样，越靠后的收市价，权重越大。在下一步计算中，我们把其总和除以上述乘数的和（在本例中为55：10+9+8+……+1=55）。无论如何，线性加权平均值法依然没有解决第一个疑问，即它仅仅包含平均值移动区间内的价格。

3. 移动平均线的买卖原则。

（1）收市价高于平均线时买入；收市价低于平均线时卖出。

（2）当市价由下而上，超越平均线时买入；当市价由上而下，跌破平均线时卖出。

（3）利用两条时间长短不同的移动平均线买卖。当短期移动平均线由下而上，涨过长期移动平均线时买入；如果短期移动平均线由上而下，跌穿长期移动平均线时卖出。

（4）当收市价高于短期、长期两条移动平均线时买入，当价位低于其中一条平均线时马上平仓；当收市价低于短期、长期两条移动平均线时卖出，当价位高于其中一条平均线时立刻平仓等。

总之，利用移动平均线买卖的共同特点是着重于基本走势，不理会价格的一时波动，缺点是应变能力不行。

以上我们从趋势、形态和指标三个角度简单介绍了期货技术分析的一些基本知识，同时进行了相关案例分析。实际上，期货技术分析的理论花样繁多，以上的介绍只是其冰山一角，也是最基本的技术分析知识。技术分析多来自投资者切身的经验，具有浓烈的主观色彩，实际上技术分析是一门艺术。如果要掌握好它，单单靠按部就班的学习是远远不够的，非得有切实的市场经验不可。

九、如何利用成交量和持仓量参与棕榈油期货?

对于这个问题，我们回答是肯定的。对于价格、成交量和持仓量，在技术分析中，价格显然是最重要的因素，另外两者是次要的，主要作为价格的验证性指标使用，但并不表示，进行技术分析时可以忽略这两个指标。相反，进行技术分析时，需要综合考虑这三个指标。

（一）成交量与价格的关系

成交量是指所研究的基本时间单位内成交的合约总额，例如日成交量、周成交量等。成交量水平反映了价格运动背后的市场的强烈程度，一般来说，成交量越高，则反映出的市场的强烈程度和压力就越强。优秀的技术分析师可以通过观察配合价格变化的成交量水平较好估量市场运动背后的买入和卖出压力。

成交量可以验证当前的价格趋势，在上升趋势中，当价格上升时，成交量应较大，价格回跌时，成交量则应相应的收缩。在下降趋势中，当价格下降时，成交量应较大，价格反弹时，成交量应相应的收缩。不过，在价格下降时，成交量的作用没有价格上升时那么明显，许多时候，价格的下降并不需要量的配合。同时，我们也要关注另一种状况，即交易量与价格走势背离，例如在上升趋势中，价格创新高，成交量放大，甚至萎缩，这预示市场的买入压力正在减轻，价格的上升趋势可能要发生变化。

成交量处于验证价格趋势外，还可以验证价格形态，前文我们在介绍头肩顶（低）和三角形态时，都曾介绍过这些价格形态形成过程中，成交量的变化情况。一般的所有价格形态在突破形成时，只要这个突破信号是成立的，那么就应该伴有较重的成交量。

成交量无论是对价格趋势的验证还是对价格形态的验证，都反映了交易量领先于价格，交易量提前预测价格走向，而对于价格本身而言，这一点需要等到价格趋势实际反转时才能体现出来。

（二）价格、成交量和持仓量综合考虑

不同于股票市场，期货市场中，除了关注成交量外，持仓量也不容忽视。持仓量又称为持仓兴趣，指的是到某日收市时，既没有对冲了结也没有到期交割的合约量。交易量、持仓量和价格走势的关系较为复杂，不过我们一般可认为，如果交易量和持仓量均上升，则无论当前是上涨还是下跌，当前价格趋势很可能按照现有方向继续发展。如果成交量和持仓量都下跌，则当前价格趋势或许即将终结。

如果成交量和持仓量同时增加，说明新入市交易者买卖的合约数超过了原交易者平仓交易；如果市场价格上涨，说明新交易者中买方力量压倒卖方力量，新交易者正在入市做多，市场处于技术强势。如果市场价格下跌，说明新交易者中卖方力量压倒买方力量，新交易者正在入市做空，市场处于技术性弱势，价格将进一步下跌。

如果交易量和持仓量都减少，说明市场上原交易者为平仓买卖合约的数量超过新入市交易者买卖合约的数量。如果同时价格又下跌，说明市场上原买入者在卖出平仓时的力量超过了原卖出者买入补仓的力量，即多头平仓了结离场意愿更强，而不是市场主动性的增加空头，说明市场处于技术性强势，当前价格下跌趋势或将终结。同样，如果在交易量和持仓量减少的同时价格上升，说明市场空头回补意愿较强，而不是主动性做多买盘，市场处于技术性弱势，当前价格上涨的趋势或将终结。

十、期货投机交易还需要注意什么？

通过基本因素分析和技术分析判断期货价格未来走势，是进行期货投机并盈利的基础，但并不是唯一的，很多时候，即便是对于价格走势判断完全正确，也不能保证获得较好的收益。对未来价格进行预测只是告诉我们怎么做，即买入还是卖出，但是没有告诉我们拿多少资金去做，做错了该怎么办等，后面的问题即期货交易的风险管理问题。对于风险管理的重要性，很多成功的交易大师都将其放于交易规则的首位，重要性甚至在价格预测的前面。可以说，价格预测事关盈亏问题，而风险管理则事关我们在期货市场上的生死存亡问题，做好风险管理就增加了投资者在期货市场生存的机会，而这也是赢在最后的机会。

对于一般期货投资者而言，最关注的风险是交易过程中所产生的交易风险。交易风险的主要成因包括价格波动、交易者非理性投机、保证金交易的杠杆效应及市场机制的不健全。与现货市场相比，期货市场上价格波动更大，更为频繁，其交易的远期性也带来更多的不确定因素。交易者的过度投机心理，保证金的杠杆效应，增大了期货交易风险产生的可能性。

然而，投资者必须了解到期货交易风险并不是不可防范的。其风险的产生与发展存在着自身的运行规律，做好适当的交易风险管理可以帮助投资者避免风险，减少损失，增加投资者在交易过程中的收益。期货交易的风险管理一般涉及三个方面，即计划交易、资金管理、及时止损。

计划交易是指在交易前制订科学的交易计划，对建仓过程、建仓比例、可能性亏损幅度确定相应的方案和策略；交易时，严格执行此计划，严格遵守交易纪律；交易后，及时总结反思该计划。但要使自己的投资能够获得大部分利润，减少损失，不仅取决于投资者是否严格执行其交易计划，还取决于资金管理的能力。

资金管理是指资金的配置问题，其中包括投资组合的设计问题，多样化的安排、在每个市场上应该分配多少资金去投资等。资金管理是期货投资中非常重要的一步，资金管理好了，在一定程度上也降低了风险。在实际操作中切忌重仓、满仓操作。实际操作中，投资者还应根据其各自资金实力、风险偏好，以及对所投资品种在历史走势中逆向波动的最大幅度、各种调整幅度出现概率的统计分析，来设置更为合理有效的仓位。

和股票市场相比，由于期货市场实施保证金交易，风险具有放大性，及时止损就更为重要。然而，及时止损往往是中小投资者特别是在证券市场上养成了“死捂”习惯的投资者难以完成的工作。投资者应根据自己的资金实力、心理承受能力，以及所交易品种的波动情况设立合理的止损位。

十一、参与棕榈油期货，常用的风险控制手段有哪些？

参与棕榈油期货，常用的风险控制手段主要有轻仓原则和顺势原则。

1. 轻仓原则。因为期货交易属于保证金交易，存在杠杆效应，当仓位过于重，而价格一旦朝向自己不利方向运行或者暂时的回探，可能导致交易保证金不足，而期货公司为了防范自身风险，会进行强行平仓，使得具有盈利机会的头寸被迫出局。

2. 顺势原则。根据价格走势的历史分析，价格是朝着一定方向呈趋势运行的，当顺着趋势操作时，价格即便暂时出现不利方向，但是最终还是会朝向原来方向运行，直至反转。一般顺势交易的亏损概率较小且亏损值小。

十二、既然资金管理如此重要，那么在期货投机交易中如何做好资金风险管理呢？

资金风险管理可以说是一项比较复杂的问题，而且因人而异，多数投资者的资金管理办法都包含有个人的投资经验以及秉性特点等，这里我们仅简单罗列一些普遍性的要领。

第一，总投资额必须限制在全部资本的50%以内。即在任何时候，交易者投入市场的资金都不应该超过其总资本的一半，剩余的一半用于保护，防止意外事件和判断失误。比如说，如果账户的总金额是10万元，那么其中只有5万元可以动用，投入交易中。

第二，在任何单个市场上所投入的总资金必须限制在总资本的10%至15%以内。这一措施可以防止在某一个市场上投入过多的本金，这样可以将风险分散。尤其是对于大资金而言更为重要，可以部分资金投资在低风险市场，部分资金投资在高风险市场。

第三，在任何一个市场群类上所投入的保证金总额必须限制在总资本的20%～30%以内。同一个市场群类的市场，走势往往步调一致。例如，同在大连商品交易所上市的棕榈油和豆油期货都属于油脂油料期货，尽管涨跌幅度有所不同，但它们通常处于一致的趋势下。如果将所有资金全部投入到同一类的品种当中，就违背了多样化的风险分散原则。

第四，在任何单个市场上的最大总亏损金额必须限制在总资本的5%以内。5%是投资者在方向判断错误的时候承担的最大损失。在决定应该做多少张合约的交易，以及应该把止损指令设置在多远以外时，这一点是重要的出发点。因此，对于10万元的账户来说，可以在单个市场上冒险的资金不应超过5000元。

资金管理的问题绝对不仅仅只有上面几点，并且以上所列的比例因人而异，它与投资者的性格特点、资金规模以及所投资市场的价格波动幅度等都有必然联系，投资者可根据自身的特点设计负责自己的风险管理体系。

一个成功的期货投资者，都会把资金管理放在非常重要的位置。期货价格的走势受多种因素影响，即便是非常优秀的期货分析师也难以准确把握。因此，对于一般的投资者而言，看错方向是常有的事情，而良好的资金管理可以降低因看错方向造成的损失。而如果不注重资金管理，即便是大的方向把握非常正确，也可能会由于短线的价格波动而被迫亏损出局。

通常，期货新手或者是从股票市场转移到期货市场的投资者容易忽视资金管理，从而造成亏损。下面这个例子就是因资金管理不当造成亏损的典型。

【案例 8 - 4】

W 先生是有多年股票投资经验的老股民，而且收获颇丰。2008 年中国股市暴跌，但是期货市场却异常火爆，于是 W 先生将大部分资金转移到期货市场，虽然说期货投资可以买空卖空，双向投资，获利的机会更多，但是一年多来，W 先生发现，期货价格涨跌都难以赚钱，很多时候即便是把握住了大方向，也难以获得较好利润，甚至还亏钱。为了找出原因，W 先生授权期货公司的分析师对其操作记录进行分析，结果发现，W 先生对价格走势的中长线把握比较好，但是不善于资金管理，最终导致亏损。W 先生在以往的股票投资中，养成了重仓“捂股”的习惯，并将这种习惯带到期货市场中，造成其期货投资亏损严重。比较典型也是亏损比较大的一次操作是，2009 年 4 月中旬对棕榈油 1001 合约的操作。具体操作见图 8 - 7。

首次开仓时，交易保证金已占 W 先生总资金的 30% 多；第二次加仓后，交易保证金比例已经接近 50%，期价走势与预测相反时，W 先生没有止损，而是进一步加仓降低成本，导致交易保证金比例接近 80%。应该说，在期货投资中，总投资额必须限制在全部资本的 50% 以内，而 W 先生已经严重超过了这个限制。虽然说，从图 8 - 7 来看，W 先生对棕榈油中线看涨的趋势把握还是比较好的，但是由于没有做好资金管理，最终被强行平仓。其实如果将仓位控制在 50% 以内（即没有最后一次的加仓），即便期价调整

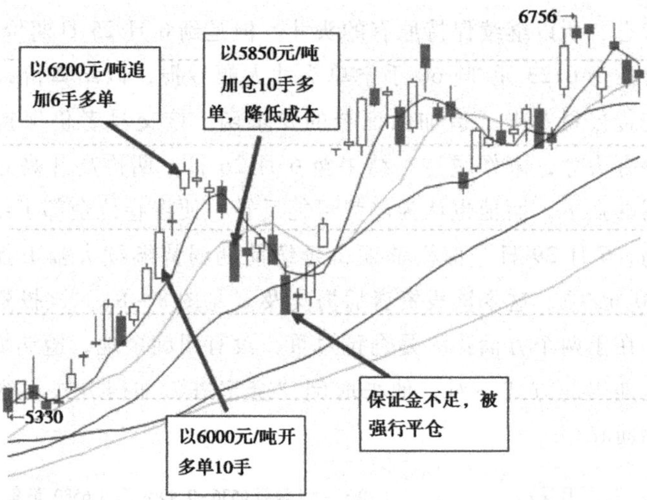

图 8-7 大连商品交易所棕榈油 1001 合约日 K 线走势

图片来源：博弈大师、鲁证期货研发部。

时没有止损，W 先生还是可以获取较高盈利的，因为被强行平仓后第二个交易日棕榈油期价便重拾升势。

期货交易采取非全额保证金即杠杆方式，需要严格的资金管理来保证长期的利润。资金管理的目的在于，在已知操作策略的概率和赔率的情况下，实现收益的最大化和风险最小化。为了避免交易者保护不足的偏向，投资者必须形成低风险的资金管理技术，否则被扫地出门只是早晚的事情。因资金管理不善而导致严重亏损，消失于期货市场中的人比比皆是。

【案例 8-5——资金管理在棕榈油期货中的应用】

××期货交易者由于资金管理的水平较差，一直处于亏损的状态。2009 年 6 月 22 日，他参与了棕榈油期货 1009 合约的交易。当时看到期价跳空下挫，且收盘为阴线，表明空头打压仍未完结，他便在尾盘以 6170 元/吨价位放空 20 手大连商品交易所棕榈油期货 1009 合约。第二天期价再度大幅跳空开盘便决定加码放空，便以 6100 元/吨放空 40 手。截至此时，他已经处于满仓的状态，42 万元的资金全部用尽。结果，期价当天触底开始反弹，并以红盘报收。不过该投资者认为这是小幅反弹，趋势没有改变，且账户仍处于盈利的状态，所以继续保持原有的头寸。但是到6月25日期价大幅扬升，令其平均价位为6123元/吨60手空单头寸大幅亏损，以结算价计算可用资金为负，期货公司发出了追加保证金的要求函。该交易者仍保持固有的观点，继续持有头寸，未作减持。结果至6月26日，期价高开高走，他遭到了期货公司的强平，而他也认为趋势可能反转，便将仓位全部了结，终以大幅亏损出局。6月29日，棕榈油期价延续前期弱势继续大幅下挫，最低一度达到5450元/吨，这令该投资者后悔莫及（见图8－8）。该投资者操作不当之处主要在于两个方面：一是仓位过重，没有回旋余地，遭遇期货公司的强平。二是加码的方式不对，他采取倒“金字塔”加码方式很容易将前期的盈利全部回吐。

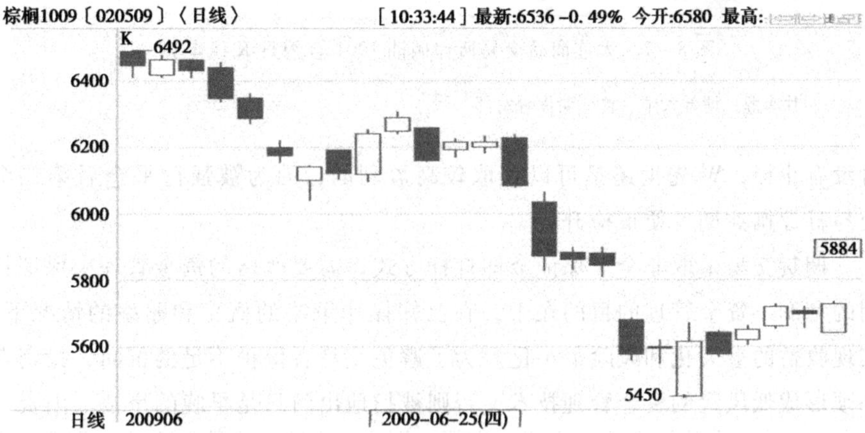

图8－8 大连商品交易所棕榈油1009合约日K线走势

图片来源：博弈大师。

资金管理应注意以下问题：

1. 让利润充分增长，把亏损限于小额。始终为头寸设置保护性止损指令，以限制亏损。

2. 先制订好计划，然后贯彻到底；不要心血来潮地做交易，打有计划之战。报偿—风险比至少要达到3:1，方可动作。

3. 当采取“金字塔”法增加头寸时，应遵循以下原则：

（1）后来的每一层头寸必须小于前一层；

（2）只能在盈利的头寸上加码；

（3）不可以在亏损头寸上再增加头寸；

（4）把保护性止损指令设置在盈亏平衡点。

4. 为了防止出现追加保证金的要求，应确保至少拥有初始保证金的75%的净资金。当收到追加保证金通知时，最好的办法是把亏损头寸立即斩仓，别把活钱扔进死头寸里去。

十三、在期货投机交易中，如何保持良好的心态？

做任何事情都需要保持良好的心态，期货投资作为一种高风险、高收益的投资工具，盈亏往往是一念之差，因此保持良好的心态更为重要。良好的操作心态是实现期货投资成功的要素之一，它贯穿于整体期货投资的全过程。然而在实际操作时，要始终保持一个良好的心态是件非常不容易的事情。期货投资过程中，良好心态的保持不是孤立的，它和交易计划的执行、资金管理等都密切相关。

交易前制订完善的交易计划，交易过程中，无论发生什么情况都严格遵守交易计划，这样才不至于遇到问题时手忙脚乱。前面我们曾提到制订并严格遵守交易计划是降低期货交易风险的重要途径，同样，也是保持良好心态的法宝。

做过期货模拟交易的投资者都有这样的体会，即模拟交易时的心态比较平和，成功率也比较高，但是一到实盘交易时，心情就非常紧张，患得患失，成功率也会大幅下降。这是因为相对于模拟交易，实盘交易是真金白银。同样，在实盘交易中，随着仓位的增加，投资者的心态也会跟着变动。如果一个投资者动用10%的资金进行操作，止盈与止损往往都会较理想，而且成功率较高，但是依此类推，放大到50%的资金就能让收益增加5倍吗？答案是否定的，因为随着手数的放大，持仓心态也就不同了，稍有风吹草动就会动摇持仓信心，从而导致心绪不宁，甚至频频出错。

保持一个平常的心态来操作是不容易的，需要长时间的锻炼方能达到。期货投资者只有通过不断总结和思考，才能尽量减少各种心理因素对操作造成的不利影响，用一种相对客观、公正的心态去对待期货价格的变化。

自　测　题

一、选择题

1. 以下对期货投机描述正确的是(　　)。

A. 期货投机交易者以现货和期货两个市场为对象

B. 期货投机交易是利用期货市场为现货市场规避风险

C. 期货投机交易目的就是转移或规避市场价格风险

D. 投机交易主要是利用期货市场中的价格波动进行卖空买空，从而获得价差收益

2. 技术分析之所以能够预测期货价格走势，主要基于(　　)。

A. 供求关系　　B 价格呈趋势变动

C. 历史会重演　　D. 市场行为包容和消化一切

3. 技术分析的方法多种多样，从大的范围划分，可分为(　　)。

A. 趋势分析　　B. 形态分析

C. 技术指标　　D. 基础分析

4. 期货交易的风险管理一般涉及(　　)。

A. 计划交易　　B. 资金管理

C. 及时止损　　D. 及时止盈

5. 对有经验的期货市场投机交易者，在期货交易中(　　)。

A. 可以不制订交易计划　　B. 可以在交易中临时制订计划

C. 可以随时改变计划　　D. 也必须有明确的交易计划

6. 期货投机交易应遵守的原则是(　　)。

A. 充分了解期货合约　　B. 制订交易计划

C. 确定获利和亏损额度　　D. 确定投入的风险资本

二、判断题

1. 期货投机交易以获取价差为目的。(　　)

2. 中长线交易者不属于投机者的范畴。(　　)

3. 期货的交易方式吸引了大量期货投机者参与交易，而投机者的参与大大增加了期货市场的流动性。 (　　)

4. 当投机者最初的持仓方向获利后，才能追加投资交易，且追加的投资额应低于最初的投资额。 (　　)

5. 若上升趋势线已经发生改变，应放弃平均买低的投机策略。 (　　)

参考答案

一、选择题

1. D　2. BCD　3. ABC　4. ABC　5. D　6. ABCD

二、判断题

1. √　2. ×　3. √　4. √　5. √

第九章 棕榈油期货的套利

【本章要点】

针对单纯投机期货交易风险较大的特点，套利交易近年来流行于期货市场。本章根据大连商品交易所棕榈油期货上市以来，棕榈油不同合约之间、棕榈油期货与现货之间及棕榈油与相关商品之间关联度较高的特点，就什么是套利交易以及如何利用棕榈油期货进行跨期套利、期现套利、跨品种套利及跨市场交易作了详细介绍，并附有相关交易成功的真实案例，我们希望通过对相应案例的解读，能够给予投资者以有益的启示，以帮助投资者真切地认识套利交易。

一、什么是套利？

交易者同时买进和卖出两张不同种类的期货合约。交易者买进自认为是

"便宜的"合约，同时卖出那些"高价的"合约，从两合约价格间的变动关系中获利。在进行套利时，交易者注意的是合约之间的相互价格关系，而不是绝对价格水平。

二、投资者为什么要进行套利？

因为套利的风险较低，套利交易可以为避免始料未及的或因价格剧烈波动而引起的损失提供某种保护，但套利的盈利能力也较直接交易小。套利的主要作用：一是帮助扭曲的市场价格恢复到正常水平，二是增强市场的流动性。

三、套利的主要种类有哪些？

目前，投资者参与棕榈期货的主要套利方式有期现套利、跨期套利、跨品种套利、跨市套利四种。

期现套利是指当期货市场与现货市场在价格差距发生不合理变化时，交易者就会在两个市场进行反向套利，利用价差变化获利的行为。从理论上来说，期货和现货之间都会存在一个合理的价差，这个价差是由持仓成本减去仓储成本和利息构成。显然，期现套利要考虑的一个关键问题就是无套利区间，当棕榈油期货和现货的价差高于这个区间的上边界时，即可进行正向套利，而当棕榈油期货与现货的价差跌破区间的下边界时，则可进行反向套利。

跨期套利是指利用同一交易所的同种商品合约，当远期期货合约与近期期货合约在价差发生不合理变化时，交易者就会在两个合约之间进行反向买卖操作，从而利用价差变化获利的行为。从理论上来说，远期合约价格与近期合约之间存在一个合理的价差，因此，首先需要寻找出合理价差的区间。其中，持有成本计算和历史价差分析是最主要的方法。如果确定了合理的价差区间，则当棕榈油远期合约价格和近期合约价格的价差高于这个区间的上边界时，即可进行买近期卖远期套利，而当棕榈油期货与现货的价差跌破区间的下边界时，则可进行买远期卖近期套利。

跨品种套利是指利用两种不同的但相互关联的商品之间的期货合约价格差异进行套利，即买入某一交割月份某种商品的期货合约，同时卖出另一相同交割月份、相互关联的商品期货合约，以期在有利时机同时将这两种合约对冲平仓获利。

跨市套利是指在某个交易所买入（或卖出）某一个交割月份的某种商品合约同时，在另一个交易所卖出（或买入）同一交割月份的同种商品合约，以期在有利时机分别在两个交易所对冲手中合约谋取利润的活动。跨市场套利之所以能够实现，是存在理论基础的。一般而言，受运输成本等因素的影响，同一品种在不同交易所之间的价格会有一个稳定的差额，但在某些时间里，如受到各种因素（如政治、经济、气候、供求等）的影响，这一价差可能会发生短期变化，此时交易者就可以在购买价格相对较低的合约的同时，卖出价格相对较高的合约，以期在期货价格趋于正常时平仓，赚取低风险利润。同时，由于全球经济一体化程度的不断深化，同一种商品在不同交易所间的价格变动总体趋势基本会保持一致，当不同的交易所对同一种商品的价格预期有较大的差异时，经济规律便会发挥作用，通过进出口来调节市场，使市场恢复正常。所以，对于跨市套利交易的投机者而言，由于在不同市场进行了等量而方向相反的交易，承担的风险要远远低于在单个市场上进行投机交易，这也是众多投机者尤其大资金投资者青睐套利交易的原因所在。

四、套利的分析方法有哪些？

（一）历史价差图表分析法

在进行套利交易前，首先应对目前的套利关系用图表加以分析。在普通的交易方面，图表是决定时点的主要工具，它对分析价格的波动提供了历史性资料。套利图表与一般的价格表的差异在于，它记载着不同月份的合约之间彼此相互的关系。所以，套利将图表作为分析、预测行情的工具，它并不注重绝对的价格水平，而是在图表中标出价差的数值，以历史价差作为进行套利分析的依据。

（二）季节性分析法

套利常会显示出季节性的特点，即在一个特定的时间显示出价格变动幅度的宽窄差异，实践证明，其符合性的程度相当高，此种套利即为季节性套利，必须回溯分析多年前的价格资料，并且应将现在的供求状况加以考虑，然后研究确定过去的市场行为是否能够在未来的几年再现。这种类比研究法是以多种市场分析方法综合而得的分析技术，此方法是用来证明最初导致价差变化的因素能否在套利季节再度发生。为了使这种季节性的趋势增加可信度，重要的是确定这些因素可能发生作用的程度。

（三）相同期间供求分析法

在收集以往套利资料时，不要将不同期间的资料拿来做比较。在期间相似的情形下，通常相同的供求力量会引起类似的套利。因此，在价格剧烈上涨的期间里，参考同期的利多市场可得到相似的价格行为。例如，美国在20世纪70年代初，“逆转市场”主宰了整个行情，后来比较正常的市场结构引导市场走向，但有的供给量较吃紧的商品期货如咖啡、可可仍保持着逆转形式。了解这引起市场不均衡的因素及特定商品对这些不均衡状况的反应，可在后来的套利中有所参考和借鉴。

（四）比值法

对于普通的投资者而言，运用期货价差方法的居多，但有时候价差上下波动较大时，不利于头寸的控制。为了更准确地捕捉套利机会，采用价差与比值相结合的方法来进行套利可行性分析会更好。例如，尽管2008年豆油价格与棕油价格价差出现非理性巨幅波动，但它们之间的比值相对而言仍处于比较平稳的区间，总体保持在（1.1，1.4）的运行范围。其中，豆油期货与棕榈油期货比值最小值为1.02，最大值为1.44，均值为1.16，波动幅度仅为0.08。而棕榈油现货与豆油现货比值最小值为1.03，最大值为1.54，均值为1.2，波动幅度为0.12。

五、为什么三大油脂之间能进行跨品种套利？

棕榈油、豆油、菜籽油具有农产品、工业品、金融三重属性，其价格不仅与天气、主产国产量变化、国际原油、美元、外盘油脂市场、相关替代品及投机基金等因素有关，而且与其下游食用和工业的消费状况密切相关。因此，三大油脂在上述多重因素的共同影响下，价格波动频繁且剧烈。而在我国，目前棕榈油完全依赖进口，国内期现价格多受国际市场因素影响，进而在一定程度上加剧了价格的波动幅度，进而影响到整个油脂市场。在价格波动过程中，不同油脂合约之间的价差经常偏离合理区间，出现跨品种套利机会。

2009年10月27日，棕榈油期货的上市，进一步完善了国内期货市场油脂品种体系，形成了以豆油、棕榈油、菜籽油三大品种为核心的完整的油脂衍生品市场，这为投资者提供了一个非常好的跨品种套利平台。

在我国，目前上市的豆油、棕榈油、菜籽油均属于主要食用植物油，在使用价值方面，三者间存在着相当程度的可替代性。例如，豆油、棕榈油、菜籽油在国内植物油生产（提炼）和消费中占有同样重要的地位，三者价格的绝对水平及变化趋势表现得十分接近。当某一品种价格率先上涨时，替代性将带动另外两品种价格随即展开升势，但这并不意味着各品种之间的供需关系时刻保持一致。例如，国内棕榈油目前完全依赖进口，当外部环境发生变化时，往往显示出独特的价值规律。此外，各油脂原料作为农作物，在生长地域分和季节分布上存在差异。实际上，正是这些差异成为跨品种套利得以获利的基础。当不同油脂品种价格更多地体现出个体因素影响时，价格间的长期稳定的关系会遭遇短时失衡，跨品种套利的实质就是在替代关系的重平衡过程中获取无风险利润。

对于棕榈油、豆油、菜籽油三大油脂品种来说，由于其消费用途彼此间有很强的替代关系，那么当某种油脂价格相对其他品种上涨时，相对低廉的品种需求便开始增加，并最终导致两个品种间的价格差异回归到合理的区间内，从而为投资者进行相关品种的套利提供机会。图9-1显示了2007年10月29日至2009年11月23日三大油脂期货品种相应主力合约价格走势。从定性的角度，我们很清楚的看到，棕榈油期货与豆油期货、菜籽油期货在走势上吻合的非常完美。运用SPSS统计软件进行定量数据分析显示，采用日收盘价数据比较，棕榈油期货与菜籽油期货的Pearson相关度和非参数Spearman相关度分别高达0.989、0.978；棕榈油期货与豆油期货的Pearson相关度和非参数Spearman相关度也分别高达0.987、0.979。两种统计方法结果均显示棕榈油期货与豆油期货、菜籽油期货期货走势上具有高度的正相关性，二者都达到了0.97以上的水平，这足以为跨品种套利的操作提供坚实的依据。

尽管棕榈油与豆油、菜籽油总体呈现同涨同跌态势，但从各自自身消费

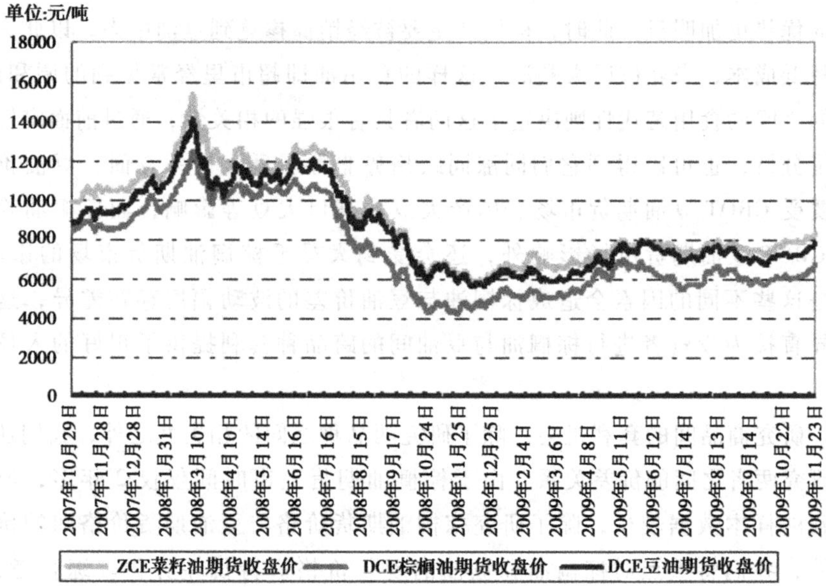

图 9-1 国内三大油脂期货走势对比

数据来源：文华财经、鲁证期货研究所。

情况来看，棕榈油具有更强的季节性消费，一般来说，每年 4 月至 10 月，天气转暖刺激棕榈油需求增大，棕榈油对其他油脂的优势更明显。此阶段多表现为棕榈油价格运行要明显强于豆油和菜籽油，三大油脂之间的相关性进一步增强，它们之间的价差一般都会缩小。而国庆之后至来年 4 月份则为其他油脂传统的消费旺季，此时豆油及菜籽油价格相对于棕榈油而言则明显偏强，棕榈油与其他油脂的相关性明显减弱。此阶段豆油和菜籽油消耗较快，库存下降提振价格走高。以上三大油脂的季节性规律为投资者提供了很好的套利机会。

六、棕榈油与豆油之间的跨品种套利可行性有多大？

目前，在所有 17 种油脂中，棕榈油、豆油在产量和消费量上分别位居第一、第二。它们之间的替代性很强，尤其随着温度上升，棕榈油相对于豆油的优势更加明显。此时，棕榈油主要被经销商掺兑到豆油中去，以此大幅度降低成本，来获取巨大利润，这样的食用油即超市里经常见到的调和油。它们之间的食用替代性则决定了这两者具有很强的相关性，通过前面定性与定量分析，也可以得到它们同涨同跌趋势非常明显。另一方面，豆油价格主要受 CBOT 豆油期货市场、国产大豆、进口大豆等影响，而棕榈油除了受 CBOT 豆油期货市场影响外，还会受到大马毛棕榈油期货市场的影响。正是这些不同的因素会造成棕榈油与豆油价差的波动幅度存在差异，这种差异直接为投资者进行棕榈油与豆油间的跨品种套利提供了很好的入场机会。

研究商品间的套利机会，除了研究两品种之间的相关性之外，我们还需要研究两者之间的价差关系。由于棕榈油期货上市时间仅仅 2 年多，所能得到的样本数据较少，除了研究棕榈油期货价格与豆油期货价格间的价差之外，我们将重点对棕榈油和豆油的现货价格进行价差分析。综合考虑，我们采用江苏张家港地区棕榈油和豆油的现货价格进行价差分析（见图 9-2）。

2004 年 9 月至 2009 年 10 月，从江苏地区张家港四级豆油与棕榈油现货价差走势图可以看到，两者之间的现货价差基本维持在（500，2000）的水平，之后随着影响油脂价格因素逐步增多，两者之间的价差进一步拉大，并呈现出宽幅振荡走势，最低时曾达到 50 元/吨，而最高时一度达到 3200 元/吨。运用 SPSS 统计软件，对 2004 年 9 月 1 日至 2009 年 11 月 23 日豆油和棕榈油的历史价差进行统计分析得到，两者价差的均值为 1088.2，波动幅度为 527.6 元/吨。投资者进行套利时，可以参考历史数据，估算出豆油和棕榈油的合理价差区间，当两者的价差低于界定区间时，可以采取买入豆油、卖出棕榈油的套利策略；而当两者价差高于界定区间时，可以采取买入棕榈油，卖出豆油的套利策略。尽管这是根据现货市场价格确定的理论区间，但由于棕榈油和豆油的期现价差稳定在很小的波动范围内。因此，通过现货市场得出的合理价差区间仍然具有很强的指导意义。

从图 9-3 可以看出，2007 年 10 月 29 日至 2009 年 11 月 23 日，两者的价差基本维持在（500，1600）的水平，均值为 1078.4，波动幅度为 349.6

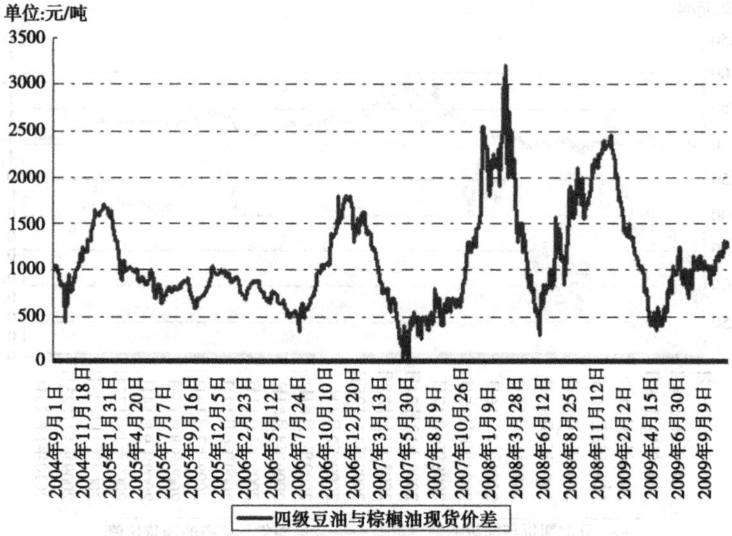

图 9－2　江苏省张家港四级豆油与 24 度棕榈油现货价差走势

数据来源：易盛数据库、鲁证期货研究所。

元/吨。期间振荡加剧明显，总体呈现出波段运行特点，最低时一度达到 236 元/吨历史低位，最高时一度达到 1980 元/吨历史高位。从图 9－2 中可以看出，尽管期货市场所选取的样本数据有限，但期货价差和现货价差的运行趋势大体一致，均呈现出阶段性震荡走势。

从豆油期货和棕榈油期货历史价差分析可以看出，它们之间的套利机会很多，每年至少存在两次套利机会，同时，即使在价差波动很平稳的时候，投资者也可以通过对价差的走势追踪，实时关注这两者价差变化，仍存在很多可以获得稳定小额利润的套利机会。但值得注意的是，当根据价差难以确定合理的套利区间时，采用比值来进行判断也不失为一种更好的方法。通过棕榈油期货与豆油期货比值走势图也可以直观看出，虽然 2008 年价差出现非理性巨幅波动，但它们之间的比值相对而言仍处于比较平稳的区间，总体保持在（1.1，1.4）的运行范围。其中，棕榈油期货与豆油期货比值最小值为 1.02，最大值为 1.44，均值为 1.16，波动幅度仅为 0.08。由此，我们可以灵活的运用上述两种方法来选择合理的套利区间。

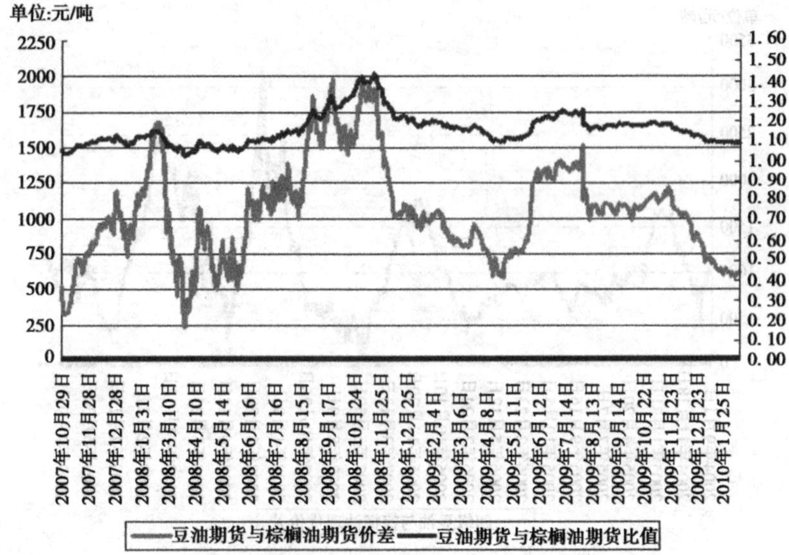

图 9－3 大商所豆油与棕榈油期货价差走势

数据来源：文化财经、鲁证期货研究所。

七、如何在棕榈油与豆油之间进行跨品种套利?

棕榈油与豆油的跨品种套利，主要是利用它们之间不同的、但相互关联的特性造成其价格差异，再进行套利的一种投资方式。能够实行跨品种套利的期货合约之间必须具有很强的相关度，品种之间的相关性越强，出现跨品种套利机会时的投资风险相对就越小。比如，农产品期货中大豆、豆油、豆粕之间由于原料的一致性，其期货价格存在着相对稳定的比价关系，通常在价差偏离明显的时候都会出现大量的跨品种套利机会。

在做棕榈油与豆油套利方案设计及分析时，不能只是根据相关度及历史价差作出是否入场的判断，而是要结合当时实际情况，综合考虑。例如，做棕榈油与豆油套利要考虑期货市场的升水效应。按照大连商品交易所规则，豆油期货合约的仓单可以转抛后月，往往容易出现升水效应，而棕榈油期货的仓单必须当月出库，因此很少发现升水效应。

国内市场油脂品种高度相关，棕榈油、豆油价格差异形成了品种间的相互替代，当某种油脂价格相对其他品种高涨时，那么相对低廉的品种需求开始增加，并最终导致两个品种间价格差异回到合理的区间内。近几年棕榈油和豆油的价格在逐步拉近。由于天气转暖，棕榈油对豆油的优势更为明显。生产厂商会为降低成本，将棕榈油加入豆油中，制成调和油推向市场。如果豆油价格与棕榈油相比过高，将会刺激生产商对棕榈油的需求，所以，豆油和棕榈油的价差也可能无限制的扩大。

【案例 9－1】

2009 年 2 月份，某投资者发现棕榈油和豆油的 5 月合约价差（见图 9－4）在 1000 元/吨之上。根据历史上差价数据统计看，随着棕榈油进入消费旺季的来临，两者价差呈现季节性萎缩；从长线看来，棕榈油和豆油 5 月合约价格缩拢的可能性很大，于是该投资者认为进行套利的机会来临，采取的套利策略为：买棕榈油 0905 卖豆油 0905。

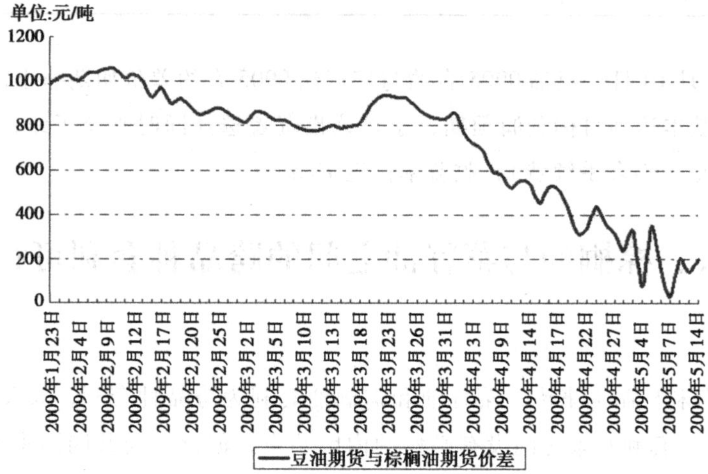

图 9－4 棕榈油 0905 合约与豆油 0905 合约价差走势

数据来源：文华财经、鲁证期货研究所。

投资者在方案制订时，必须要事先计划好开仓的价差、开仓时间、预期利润以及止损点等，另外还需要对该方案占用的资金进行估算。该投资者具体操作流程如下：

1. 方向。买棕榈油 0905 合约，卖豆油 0905 合约。

2. 操作数量。计划各建仓100 手（双向 200 手）。

3. 资金要求 300 万元。

4. 止损。价差达到 1150 点。

5. 操作计划。在 2 月 10 日分批建仓，平均价差为 1050 元/吨。

6. 资金及盈利估算。此方案涉及 200 手的持仓，持仓保证金大概 150 万元左右，止损最大亏损约 10 万元，目标差价 750 元/吨，盈利 30 万元，盈亏比 3:1 左右。

该投资者操作过程见表 9-1。

表 9-1　　操作过程

时间	操作	合约	成交均价	开仓价差	目标价差	止损价差
2 月 10 日	买入 100 手	P0905	5532	1050	750	1150
	卖出 100 手	Y0905	6582			

至 3 月 10 日，豆油 0905 合约与棕榈油 0905 合约差价如期缩小，至 780 元/吨，基本达到目标利润预期，于是该投资者选择同时平仓了结，盈利约为 27 万元（不含手续费），收益率接近 18%。

八、棕榈油与菜籽油之间的跨品种套利可行性有多大?

从套利机制上来讲，菜籽油和棕榈油套利为跨品种套利，属关联套利的范畴，即套利对象之间没有必然的内因约束，但价格受共同因素所主导，其特点是基本供需关系决定了套利的方向，因此在分析关联性套利的案例时，还必须分析供需关系，买入供需关系相对紧张的品种，而卖出供需关系较宽松的品种才能获得成功，因此我们还必须通过对基本面因素的分析，看是否支持理论依据。

虽然二者基本面不同，二者的主要用途都是用做食用油，存在替代竞争关系。菜籽油与棕榈油的价差具有一定的季节性规律，通常来说，可以分为三个阶段：

第一阶段：1～4 月。这一阶段为菜籽油的需求旺季，库存逐渐减少，价格攀高，并保持到新菜籽上市，而此间棕榈油随着气温回升尚处于消费恢复阶段，价格仍处弱势，因此一般来说两者的价差呈现出逐步回落态势。尤其 2005 年、2007 年、2008 年、2009 年，卖出套利机会凸显。

第二阶段：5～9 月。随着新菜籽逐渐上市，菜籽油价格开始回落，至 7～8 月份，菜籽油因库存增大价格最为疲弱，而此阶段随着温度大幅度回升，棕榈油被用来掺兑的份额增大，此间比价关系达到均衡状态，比值平稳运行，波动幅度并不剧烈。这种态势一直持续到第四季度，此区间为无套利区间，投资者可选择放弃这阶段的套利操作。

第三阶段：10～12 月。进入第四季度以后，棕榈油熔点较高，特别是比较寒冷的季节会发生凝固，因此消费进入淡季，价格出现一定程度回落；此阶段菜籽油消费增加，价格回升，此时菜籽油与棕榈油价差表现为拉升阶段。尤其 2004 年、2006 年及 2007 年均出现较好的买入套利机会。

从菜籽油与棕榈油期货价差及比值走势图（见图 9－5）可以直观的看出，在 2007 年 10 月 29 日至 2009 年 11 月 2 日，菜籽油与棕榈油期货的价差基本上在（1000，2000）之间震荡运行，而比值相对于价差走势，略显平稳，但自 2008 年底之后震荡相继加剧，在（1.1，1.4）震荡运行。其中，菜籽油与棕榈油期货价差的均值为 161.9、波动幅度为 358.2 元/吨、最小值为 864 元/吨、最大值为 2876 元/吨；而菜籽油与棕榈油期货比值的均值为 1.24、波动幅度为 0.08、最小值为 1.09、最大值为 1.5。

菜籽油期货与棕榈油期货之间的价差和比值均总体呈现出波浪形的走势，这为投资者提供了很多可操作的套利机会，尤其是 2006 年下半年开始后，波动幅度加大，这表明二者的套利机会增加，且套利收益也增多。投资者在套利交易前可以先对历史上菜籽油和棕榈油套利出现次数有一个粗略的了解，对历史上二者的价差及比值进行统计，并确定合理的比值区间。当菜籽油和棕榈油的价差（比值）高于界定区间（超过比值区间）后就进行买棕榈油卖菜籽油的套利，而当价差（比值）低于界定区间（比值区间）后就进行卖棕榈油买菜籽油的套利操作。

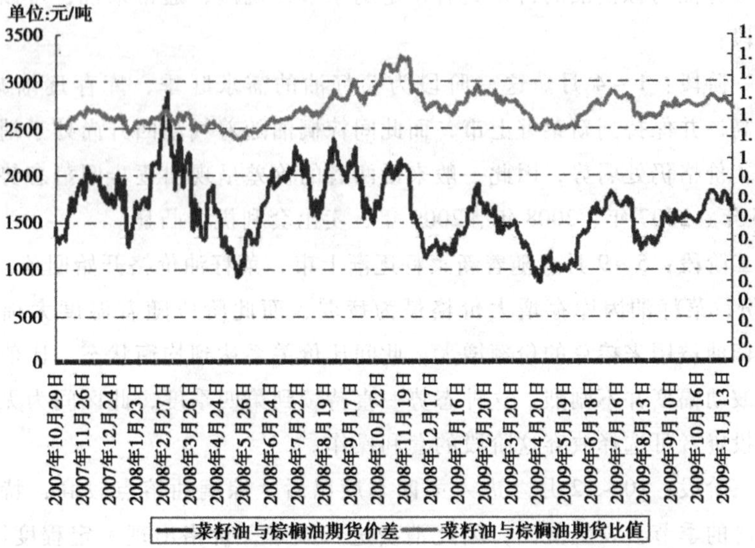

图 9－5　菜籽油与棕榈油期货价差及比值走势

数据来源：文华财经、鲁证期货研究所。

九、如何在棕榈油与菜籽油之间进行跨品种套利？

随着植物油价格的上涨，各油脂间的价差也水涨船高，与历史比较就有所偏差，因此，我们可以从相对量——油脂间的比值关系来分析。按照比值关系的年度走势来看，菜籽油与棕榈油的比值关系具有一定的季节性规律。1～3 月，菜籽油与棕榈油比值自高点开始回落，到了 4 月份，新年度菜籽油产量逐渐浮出水面，以及天气的转暖，棕榈油使用量增大，两者比值平稳运行，这种态势一直持续到 9 月份，随着天气的变冷，棕榈油使用量减少，菜籽油和棕榈油间的比值关系开始拉升，在年底达到年内高点。菜籽油和棕榈油的比值关系则一般运行在 1.1 至 1.4 之间。即便是自 2006 年下半年的上涨以来，菜籽油与棕榈油间的比值也没有突破高点 1.5，可见对于油脂间价格的比较相对量要更加有效、合理。

【案例 9-2——菜籽油与棕榈油跨品种套利】

根据期货数据的分析，2008 年 11 月份，菜籽油与棕榈油 5 月合约间的比值达 1.46，菜籽油与棕榈油的差价明显过大。某投资者预计后期的比值将会呈现季节性缩小走势，两者之间存在较好的套利机会。于是该投资者决定买棕榈油 0905 合约、空菜籽油 0905 合约，进行跨品种套利交易（见图 9-6）。

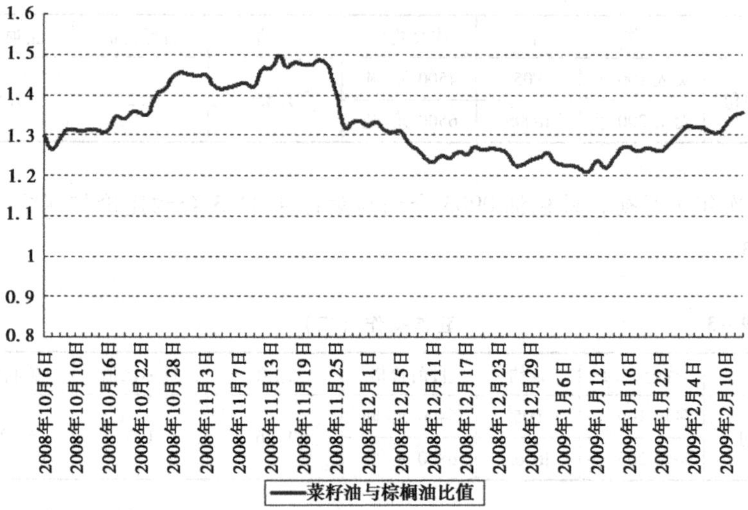

图 9-6　菜籽油与棕榈油期货 0905 合约比值走势

数据来源：文化财经、鲁证期货研究所。

具体操作流程如下：

1. 方向：买棕榈油 0905 合约，空菜籽油 0905 合约。

2. 操作数量：棕榈油建多单 100 手（10 吨/手），菜籽油建空单 200 手（5 吨/手）。

3. 操作周期：40 个交易日之内。

4. 资金要求：300 万元。

5. 利润目标：比值至 1.3 左右。

6. 止损：比值若达到 1.51 止损。

7. 操作：11 月中旬，建仓完毕，平均比值 1.45，平均价差为 2050 元/吨。

8. 资金及盈利估算：建仓完毕后持仓保证金大概160万元左右，当比值达到1.5时，亏损大约在12万元左右。目标比值1.3左右，盈利大约40万元，盈亏比在3:1以上。

该投资者的具体操作见表9－2。

表9－2　　套作操作（一）

时间	操作	合约	成交均价	比值	目标比值	止损比值
11月中旬	买入100手	P05	4500元/吨	1.45	1.2	1.51
	卖出200手	RO05	6500元/吨			

至次年1月初，棕榈油0905合约与菜籽油0905合约比价如期缩小，见表9－3。

表9－3　　套作操作（二）

时间	持仓方向	合约	目前价格	比值	目标比值	盈利状况
1月初	多单100手	P05	5400元/吨	1.26	1.3	60万元
	空单200手	RO05	6800元/吨			

此时，比值已恢复至1.26，基本达到既定的1.3的目标位，投资者选择获利平仓，盈利60万元（不含手续费），收益率达37%以上。

十、进行棕榈油跨期套利时，需要考虑的成本因素有哪些？

跨期套利是商品套利交易中最普遍的一种交易方式，其实质是在商品远期曲线形态（或期限结构）的变动中寻找套利机会。与其他套利交易方式相比，其交易策略的执行相对简单。一般而言，在制定与执行棕榈油跨期套利交易的过程中，我们应该从影响商品远期曲线形态的库存、利率、持有成本、季节性等基本面因素和市场资金流向等技术性因素进行把握。

假设以买进近期合约、卖出远期合约的套利方向为例，需要考虑如下因素：买入近期合约价格、卖出远期合约价格、仓储费、资金利息、增值税、交易手续费、交割手续费等，具体计算方式如下：

套利利润 = 卖出远期合约价格 - 买入近期合约价格 - 仓储费 - 增值税 - 交易交割手续费 - 出入库、杂项作业费，具体设计成本费用见表 9 - 4。

表 9 - 4　　套利成本

仓储费	交易手续费	交割手续费	出入库、杂项作业费	增值税	资金利息
0.9 元/吨天	0.8 元/吨	1 元/吨	40 元/吨	(X × 13%) / 1.13	参考银行年利率

以买进近期合约、卖出远期合约的正向套利为例，计算相关费用和无套利区间上边界。从理论上来讲，当远期合约与远期合约的价差大于上边界时，投资者可以进行买近期卖远期的套利操作。

十一、如何进行实物交割方式的棕榈油跨期套利？

实物交割方式的跨期套利是指套利交易的反向头寸均持有到期并进行实物交割。实物交割方式的跨期套利交易是一种不错的投资方法，尤其适合于有现货背景的投资者。第一，可以帮助投资者在风险完全回避的情况下，获得高于银行利率的稳定利润；第二，可以凭借少量的资金进行大规模的现货交易，而交易量的增加又非常有利于企业的再融资；第三，是近月合约交割后所持有的仓单可以通过仓单质押的方式帮助投资者盘活资金。

【案例 9 - 3】

2007 年 3 月 15 日，大连棕榈油 5 月合约价格为 X 元/吨，9 月合约的价格为（X + 500）元/吨，如果我们在 3 月 15 日以 X 元/吨的价格买入 5 月合约，同时以（X + 500）元/吨的价格卖出同等数量的 9 月合约。等到 5 月 16 日以 X 元/吨的价格进行买入交割。9 月 17 日以（X + 500）元/吨的价格将 5 月交割得到的现货进行卖出交割。这样，即可以获取商品的时间价值 500 元/吨。

对冲平仓的跨期套利交易是指在持有合约未到期之前，合约价差出现缩小时平仓出场。对冲平仓跨期套利交易方式的优势在于：一是交易程序简单，节省交易手续费；二是当相关合约价差缩小至小于实物交割方式的交易成本时，可以获取额外利润。

2007 年 3 月 15 日，大连棕榈油 5 月合约价格为 X 元/吨，9 月合约的价格为（X +500）元/吨，如果我们在 3 月 15 日以 X 元/吨的价格买入 5 月合约，同时以（X +500）元/吨的价格卖出同等数量的 9 月合约。当 4 月 20 日两合约价差缩小至 250 元/吨时，我们同时平掉持有的 5 月份和 9 月份合约的所有头寸，如此可以获得 250 元/吨的盈利（手续费含内）。

十二、如何进行非实物交割方式的棕榈油跨期套利？

前面书中已经提过，中国是棕榈油的完全进口国，而且国内现货贸易和期货交易的是24度棕榈油，所以该品种在北方地区有很强的季节性，一般情况下冬季使用量将减少，而春、夏、秋使用量增加。因此，两个合约之间的价差也会呈规律性的变动，从而经常为投资者提供较好的套利机会。

【案例 9 -4】

2008 年 9 月，金融危机全球肆虐，所以投资者参与期货市场存在很大不确定性。因此，某投资者采用套利的交易策略，以降低风险。9 月初，棕榈油 0901 合约与 0905 合约价格基本持平，均在 7500 元/吨左右。但投资者根据以往经验，随着天气的转凉，棕榈油将进入消费淡季，其消费量将逐渐降低，0901 合约价格走势预计会弱于 0905 合约。另外，从跨期套利成本计算：

1. 手续费。卖出 P0901 合约交易手续费 16 元/手（双边）：1.6 元/吨；买入 P0905 合约交易手续费 16 元/手（双边）：1.6 元/吨。

2. 资金占用利息。

（1）交割资金占用利息（银行利率按年息 5.31%）为：7500 ×5.31% ÷12 ×4 =132.8（元/手）。

（2）持仓保证金占用利息为：7500 × 13% × 5.31% ÷ 12 × 4 = 17.3（元/手）。

3. 交割手续费为：1 ×2 =2（元）（买卖两次）。

4. 仓储费为：0.9×120=108（元）。

5. 增值税13%，由于建仓时两个合约价格持平，增值税暂忽略。

套利总成本=1.6×2+（132.8+17.3）+2+108=263.3（元/吨）。

因此，从上面的费用匡算中可以看到，棕榈油0901合约和0905合约的合理价差大概在260元/吨，后期两个合约的差价理论上应该扩大。也就是说，后期如果P0905合约价格与P0901合约价格扩大至260元/吨附近时，投资者就可以获利平仓。

根据以上分析，投资者在9月初果断进入市场，操作过程见表9－5：

表9－5 跨期套利

时间	买卖方向	合约	建仓均价	价差	目标价差	止损（盈亏比按3:1原则）
9月初	多单100手	P0905	7500元/吨	0	260元	价差至－90元
	空单100手	P0901	7500元/吨			

2008年10月末，全球商品均经历的大幅的下跌，棕榈油也不例外，但P0901合约跌幅超过P0905合约，该投资者盈亏状况见表9－6：

表9－6

时间	买卖方向	合约	当前价格	价差	目标价差	盈利
10月末	多单100手	P0905	4740元/吨	270元/吨	260元/吨	27万元
	空单100手	P0901	4470元/吨			

十三、棕榈油期现套利的可行性有多大？

商品的期现套利实质上是跨期套利概念的延伸形式，理论依据同样也源于持有成本理论，是利用现货交割和持仓成本与期货基差的差价进行套利交易。因此，影响棕榈油期货的期现套利交易效果的因素与跨期套利雷同。不过，期现套利往往涉及现货交易，因此要求投资者必须有现货背景。

通过对棕榈油期货上市以来将近两年多的期现价格走势观察可以发现，期现结构总体呈现出不断变化的状态，即期货价格和现货价格的价差时正时负，但二者的价差到目前为止尚未出现很大偏离，这对投资者进行期现套利时确定入场点位很重要。因为当价差偏离度过大时，尤其是当投资者认为价差已经达到非合理的程度，但是入场后价差还进一步扩大，便承担了更多不必要的基差风险。当价差偏离度多次明显高于非合理区域时，即使后市出现很多期现套利机会，投资者因为担心价差仍有进一步扩大的可能也不敢贸然进行操作，这样就容易丧失很多可操作的机会，还会使投资者把套利的合理价差范围进行调整，扩大到更大的区间，从而导致品种的可操作性套利机会减少。

从棕榈油基差走势图（见图 9－7）可以明显看出，棕榈油现货与期货的价差运行范围为（－800，1000）。相对而言，在（－500，400）区间运行的密度相对较大，也比较稳定。因此投资者可以在合理价差上下浮动特定点位（即利润空间）时进行期现套利操作，可以获得较为稳定的收益。

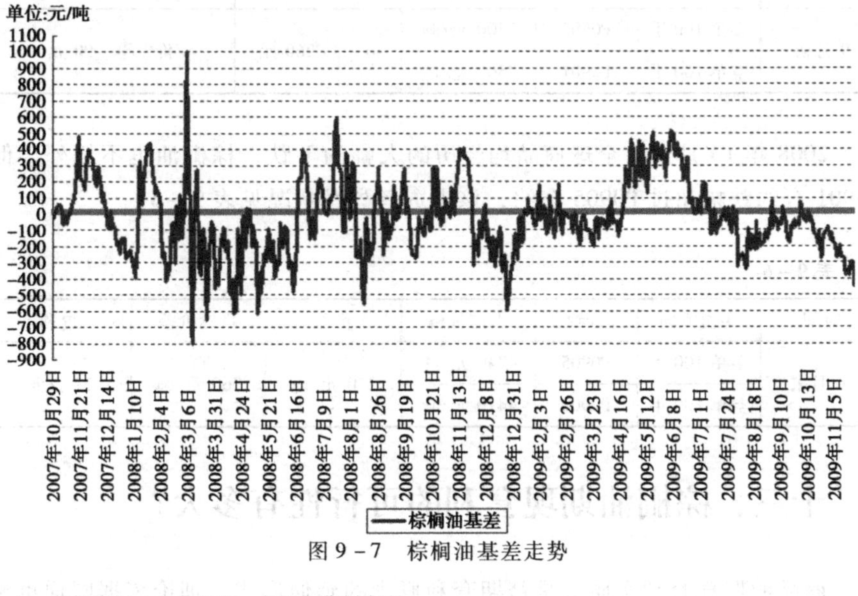

图 9－7　棕榈油基差走势

数据来源：文化财经、鲁证期货研究所。

十四、如何利用棕榈油期货进行期现套利？

由于期货运行的特殊性，它时常会大大偏离现货价格。因此，当棕榈油期货价格偏离现货价格过多时，就可能会出现理想的期现套利机会。也就是说，棕榈油期货价格高过现货价格的幅度超过卖出交割费用时，棕榈油的生产或贸易企业，就可以在现货市场上买入现货，而相应在期货市场上抛售，实现高于正常销售的利润。期现套利可操作性强、风险小且利润在操作前基本可以确定的特点，因此备受现货企业青睐。企业进行期现套利，如果满足下列公式就可获得无风险利润：期货市场建仓价格 - 现货收购价格 > 卖出交割费用 + 期货保证金占用利息 + 现货资金占用利息 + 增值税。其中，卖出交割费用 = 交易手续费 + 交割手续费 + 入库费用 + 仓储费。

【案例9-5】

某油脂贸易企业成立于2002年。公司自成立以来，一直经营色拉油、棕榈油、豆油、花生油等粮油品种，有一定的市场基础。对于这家经营棕榈油的纯贸易企业来说，市场价格风险主要来自于在置库存。2008年3月份，由于当时处于棕榈油消费淡季，且全球经济前景黯淡，现货经营并不顺畅。但期货价格当时却处于高位，5月期货合约价格达11600元/吨，而现货价格仍在10500元/吨附近徘徊，期货升水高达1100元/吨。此时，对此棕榈油贸易企业而言已经出现了较好的期现套利机会。于是企业抓住时机，果断进行期现套利，从现货市场采购现货，并相应在期货上作相反操作。其费用及利润测算如下：

1. 卖出交割费用。

（1）交易手续费。交易所收取的交易手续费6元/手（含风险准备金），具体以期货公司收取为准，暂按1.5元/吨计算。

（2）交割手续费。棕榈油交割手续费（仓单转让手续费，期转现手续费）为1元/吨。进行实物交割的双方应分别向交易所交纳交割手续费。

（3）入库费用。入库费用由卖方客户承担，货物入库时向交割仓库支付。棕榈油出入库费用按10元/吨计算。

（4）入库检验费。棕榈油检验费为3元/吨，卖出交割一方需在入库时交纳。

（5）仓储费。棕榈油仓储费及损耗费为0.9元/吨·天。棕榈油仓单入库最迟在交割前一个月下旬，到交割完毕大约需1~2个月时间，仓储费可暂按2个月来计算。仓储费 = 0.9 × 60 = 54（元）。

2. 现货资金占用利息。利率是按照央行一年期贷款利率 6.66% 计算，月息 0.555%。交割 1 吨棕榈油现货：

资金占用利息 = 现货价格 × 月息 × 月数

= 10500 × 0.555% × 2 = 116.6（元）

若利用自有资金的企业可忽略资金占用利息。

3. 期货保证金占用利息。期货合约买卖双方均需负担持有期货合约所占用保证金的利息成本。交割 1 吨棕榈油期货头寸所占用的资金利息即期货价格 × 月息 × 月数 × 保证金比例。计算如下：11600 × 0.555% × 2 × 20% = 25.8（元）。

注：一般月份收取的保证金比例为 10%，交割月为 30%，进行折中。

4. 增值税。卖出交割的一方需要支付额外的增值税。每吨棕榈油增值税 =（交割结算价 - 买入价）/（1 + 13%）× 13%。具体计算如下：（11600 - 10500）/（1 + 13%）× 13% = 126.5（元）。

由于期货价格在临近交割月通常会向现货价格回归，但又略高于现货价格，棕榈油期货合约实际结算价（交割结算价）以配对日结算价为准。

每吨棕榈油交割总成本 = 卖出交割费用 + 期货保证金占用利息 + 现货资金占用利息 + 增值税。

具体计算为：（1.5 + 1 + 10 + 3 + 54） + 116.6 + 25.8 + 126.5 = 338.4（元）

5. 无风险利润利润。企业获得的无风险利润利润 =（期货市场建仓价格 - 现货收购价格） - 每吨棕榈油交割总成本。具体计算如下：（11600 - 10500） - 338.4 = 761.6（元）。若使用自有资金套利，忽略资金占用利息，或在取得交易所标准仓单后向银行或交易所进行仓单质押，以冲抵期货保证金，降低资金占用利息的成本，利润率可大为提高。

十五、为什么能利用棕榈油期货进行跨市场套利？

棕榈油期货作为目前中国期货市场唯一一个纯进口品种合约，自 2007 年 10 月份上市交易开始便备受投资者青睐。从成交金额看，目前棕榈油期货已成长为大连商品交易所第三大交易品种。充足的流动性为投资者在

DCE 棕榈油期货与 BMD 毛棕榈油期货之间进行跨市场套利创造了前提。

（一）中国的高进口量决定了 DCE 棕榈油期货与 BMD 毛棕榈油期货的高联动性

自 2006 年初，中国放开对棕榈油的管制以后，棕榈油进口量逐年递增。2006/2007 年度，中国棕榈油进口量首次突破 500 万吨，随后连续三年维持在 500 万吨之上并稳步增长，2008 年我国棕榈油进口量高达 570 万吨，较 1996 年的增长比例高达 464%。

目前，由于我国本身不生产棕榈油，基本是从马来西亚、印度尼西亚等生产国进口。2008 年，中国从这两个国家进口的棕榈油数量共计 524.1 万吨，约占总进口量（528.2 万吨）的 99.2%。其中，从马来西亚进口棕榈油 355.8 万吨，占全部进口量的 67.4%；从印度尼西亚进口棕榈油量 168.3 万吨，占全部进口量的 31.9%。随着我国人口数量的日益增加和居民生活水平的不断提高，未来棕榈油的进口量势必有增无减。而在中国棕榈油主要进口国中，只有马来西亚存在棕榈油期货市场，两国之间的现货供需关系决定了 BMD 毛棕榈油期货市场与 DCE 棕榈油期货市场之间的高联动性，这为国内投资者在中国和马来西亚两个期货市场进行套利创造了前提。

（二）数据统计显示 DCE 棕榈油与 BMD 毛棕榈油具有高度相关性

马来西亚大马交易所是世界上棕榈油定价中心。在国际植物油期货市场上，大马交易所的棕榈油期货与 CBOT 豆油期货一样，具有相当大的国际影响力。而中国作为全球棕榈油最大消费国，DCE 棕榈油期货市场对价格的影响也不容忽视，这导致 DCE 棕榈油期货和 BMD 毛棕榈油期货之间的联动性越来越强。此外，在显著性水平 0.01 下，SPSS 统计软件统计结果显示，BMD 毛棕榈油与 DCE 棕榈油期货价格的 Pearson 相关系数高达 98.7%，充分显示了二者价格走势上存在高度的正相关性，同时也验证了 BMD 毛棕榈油期货与 DCE 棕榈油期货之间跨市场套利机会的存在性。

十六、如何把握 DCE 棕榈油期货与 BMD 毛棕榈油期货之间的跨市场套利机会?

由于基于理论价差而在期货市场上进行跨市场套利的机会在实际交易

中比较难以把握，我们选择通过分析历史数据来充分挖掘套利机会。通过观察 DCE 棕榈油期货与 BMD 毛棕榈油期货的比价图（见图 9－8）不难发现：自 DCE 棕榈油期货上市至今，其与 BMD 毛棕榈油期货收盘价的比值在走势上经历了三次比较大波动，具体表现为：

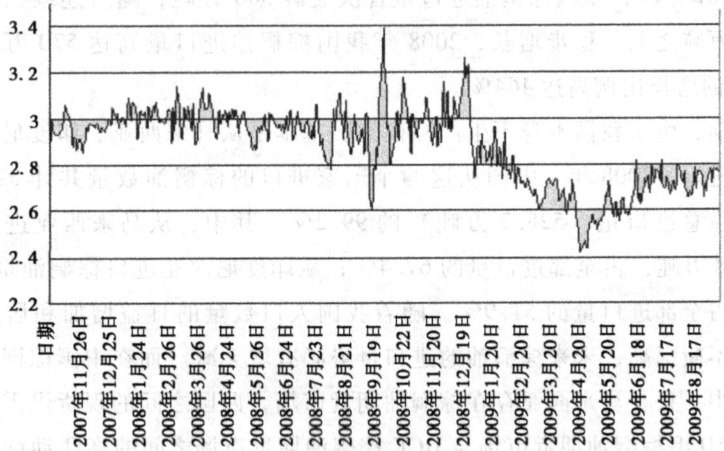

图 9－8　DCE 棕榈油与 BMD 毛棕榈油期货收盘价比值走势

数据来源：文华财经、鲁证期货研究所。

第一阶段：2007 年 10 月 29 日至 2009 年初。此期间，DCE 棕榈油和 BMD 毛棕榈油期货价格比值基本围绕“3”振荡运行。但由于金融危机的影响，比值发生过两次比较大的波动。第一次主要是在金融危机爆发初期，芝加哥豆油和原油期货市场出现了暴跌，从而导致 DCE 棕榈油期货出现恐慌性连续下挫，而马来西亚 BMD 毛棕榈油期货则由于掌握国际定价权，价格基本维持区间振荡，并未出现较大的深幅下跌，致使比值由 2008 年 9 月 17 日的 2.98 急速跌至 2008 年 9 月 19 日的 2.61。随后比值持续回升，并一举突破均值 3，于 2008 年 10 月 6 日（国庆之后第一个交易日）的暴跌过程中达到历史最高值 3.39。当然，这一历史高点产生的主要原因在于两市场的交易规则存在差异，DCE 棕榈油期货的涨跌停板幅度限制为上一交易日结算价的 5%，而相应 BMD 毛棕榈油期货的跌停板幅度则为上一交易日收盘价的 10%。之后比值在商品价值理性回归影响下再次回落至 3 附近振荡整理。

第二阶段：2009 年初至 2009 年 4 月 24 日。经过前期金融危机洗礼，2009 年以来，DCE 和 BMD 两大棕榈油期货市场开始振荡筑底，并迎来阶段性技术性反弹。在此期间，DCE 棕榈油期货涨幅为 21.6%，而 BMD 毛棕榈油期货涨幅高达 57.5%，相应的，二者价格比值由 12 月 29 日的 3.23 一路下滑至 4 月 24 日的 2.42，创下历史最低纪录。从基本面上讲，造成 DCE 和 BMD 两大棕榈油期货市场涨跌幅巨大差距的原因在于，2009 年上半年，马来西亚棕榈油供应偏紧，《油世界》预计 2008/2009（10 月/9 月）年度全球棕榈油供应存在 20 万吨的缺口，因而 BMD 毛棕榈油期货市场反弹幅度偏大。

第三阶段：2009 年 4 月 24 日至今。自进入 5 月份，随着气温回升，棕榈油在中国进入消费旺季。在此期间，受国内需求增长及马来西亚供应依然趋紧的支撑，DCE 棕榈油期货连续合约自 2009 年 4 月 24 日的 6254 元/吨飙升至 5 月 13 日的 7026 元/吨，涨幅高达 12.3%。而相应时间段内 BMD 毛棕榈油期货连续合约涨幅仅为 7.89%，DCE 棕榈油期货与 BMD 毛棕榈油期货比价有所回升。之后，棕榈油期货陷入宽幅弱市振荡行情，相应比值也一直徘徊于 2.6 至 2.8 区间内。

通过以上对 DCE 棕榈油期货与 BMD 棕榈油期货比价走势的描述，我们对二者比价的运行范围有了一个大致的把握。当市场上二者的比价超过这个大致的运行范围时，就可以考虑进行套利机会捕捉。但在进行跨市场套利实务操作时，这只能作为套利机会识别的初级判断标准。要想正确地选择入市时机，需要更为准确的统计结果作为依据。以下我们将对历史数据样本进行多角度统计分析。

从图 9 -9 可以直观看出，DCE 棕榈油期货与 BMD 毛棕榈油期货比价的时间序列并不服从正态分布。而通过 SPSS 统计软件对其进行统计，得到其偏度、峰度分别为 -0.892、0.658。如果比值时间序列严格服从正态分布的话，那么它的偏度统计量应为 0，而峰度为 3。当偏度大于 0 时，则该序列右偏，而小于 0 时则左偏；当序列的峰度大于 3 时，表明该序列具有尖锋厚尾的特征，而小于 3 时，表明这个序列比较扁平。因此，DCE 棕榈油期货与 BMD 毛棕榈油期货比价的时间序列并不服从正态分布，而呈现左偏且比较扁平的特性，分布具有非对称性，需要进一步对其进行处理。在这里，我们选用差分法对该时间序列进行处理，经过多次尝试得到：间隔为 7 日的差分（以下均简称为差分）分布具有优良的正态分布特征（见图9－10）。

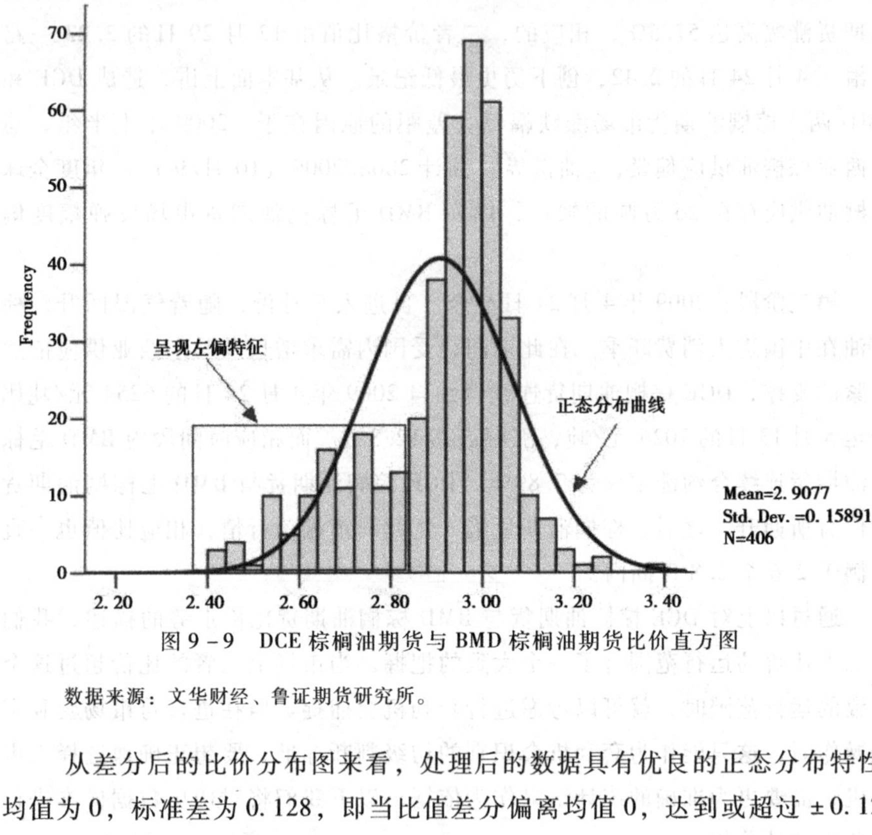

图 9－9 DCE 棕榈油期货与 BMD 棕榈油期货比价直方图

数据来源：文华财经、鲁证期货研究所。

从差分后的比价分布图来看，处理后的数据具有优良的正态分布特性，均值为 0，标准差为 0. 128，即当比值差分偏离均值 0，达到或超过 ±0. 128 时，其回归均值的可能性加大。针对跨市场套利的实际操作而言，如果当前的比值与七天前的比值之差≥0. 128 或≤－0. 128 时，那么便存在套利机会。在这里，为了表示方便，令 Z_T 表示比值（D/B），则当 $Z_T - Z_{T-7} \geq 0.128$ 时，价差看跌，此时卖出 DCE 棕榈油期货合约的同时买进 BMD 毛棕榈油期货合约，比值差目标位为 0；当 $Z_T - Z_{T-7} \leq -0.128$ 时，价差看涨，此时买进 DCE 棕榈油期货合约的同时卖出 BMD 毛棕榈油期货合约，比值差目标位为 0。

与此同时，我们运用统计软件求得差分在不同置信水平下的置信区间，

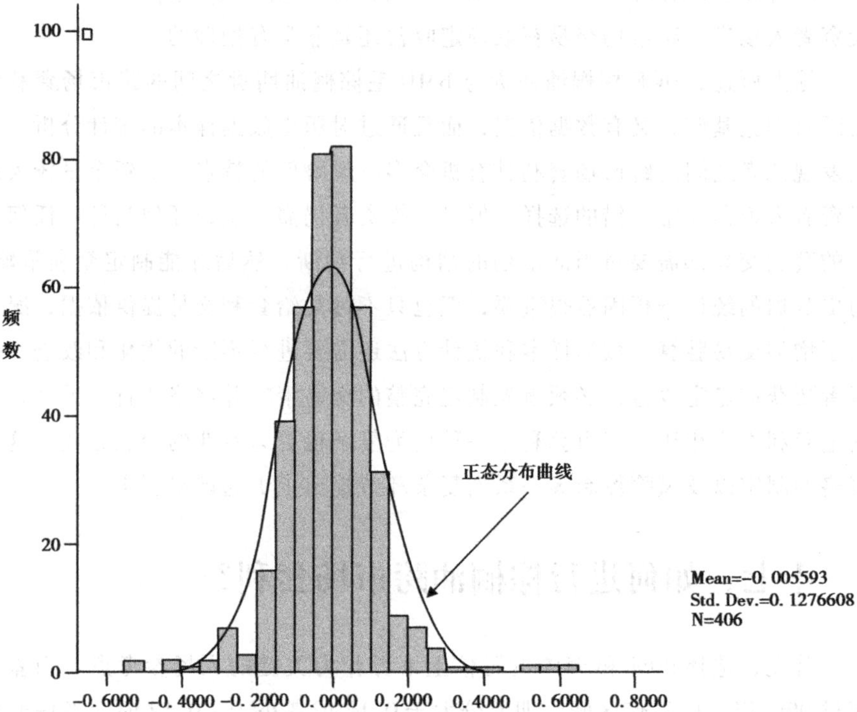

图 9－10 DCE 棕榈油期货与 BMD 棕榈油期货比价差分直方图

数据来源：文华财经、鲁证期货研究所。

并给予不同的区间以不同的评价，具体结果见表 9－7。

表 9－7 差分在不同置信水平下的置信区间

置信度	置信下界	置信上界
60%	－0. 0274	0. 0223
75%	－0. 0724	0. 0606
80%	－0. 0918	0. 0787
85%	－0. 1111	0. 0952
90%	－0. 1411	0. 1221
95%	－0. 1877	0. 1721

结合以上两种统计结果，当 $Z_T - Z_{T-7} \geq 0.12$ 或者 $Z_T - Z_{T-7} \leq -0.12$ 时，投资者入场进行跨市场交易获取稳定收益还是非常有把握的。

综上所述，DCE 棕榈油期货与 BMD 毛棕榈油期货之间的跨市场套利交易既有理论基础，又有数据依据，而且通过对历史数据样本的统计分析，我们发现二者之间的跨市场套利具有机会多、风险低的特点，对资金量较大的投资者来说是非常不错的选择。但是，投资者仍需注意，任何品种、任何方式的套利交易都需要对当前市场的结构进行判断，然后才能制定套利策略，历史数据的统计分析固然很重要，但也只不过是给套利交易提供依据，况且为了增加交易胜算，数据样本和统计方法还需要进行不断的优化和改进。投资者要获取稳定收益，必须事先制定完整的交易策略并严格执行。另外，与其他套利方式相比，跨市套利是一种更为复杂也更为专业的套利方式，这对策略的制定以及风险控制等一系列复杂环节提出了更为严格要求。

十七、如何进行棕榈油跨市场套利?

首先，选择 90% 和 95% 的置信上下界作为关键的入场参考点。当差分超过 90% 以上的置信区间，即差分大于 0.12 或者小于 -0.12 时，考虑开始建仓，并选择 -0.03 和 0.03 作为减仓参考位，-0.01 和 0.01 作为止盈参考位（大约为 55% 置信水平下的置信上、下界）。跨市套利的双边头寸一般分布于两个相互独立的账户，因此，仓位控制方面应该更为谨慎。一般建议初始建仓确保套利持仓占用保证金控制在总资金的 20% 左右，最大不超过 30%，即若差分值在 [0.12, 0.17] 之间或者 [-0.19, -0.12] 之间时，初始仓位不超过总资金的 20%；若建仓差分在 0.17 以上或者 -0.19 以下时，初始仓位则不超过总资金的 30%。另外，盈利时可考虑加仓，但要确保持仓保证金不超过总资金的 45%。

（一）入场

1. 差分值向上突破 0.12 时，选择在卖出 N 手 DCE 棕榈油期货合约的同时买入 0.48 × N 手 BMD 毛棕榈油期货合约。建仓后：

（1）当差分值持续走高至突破 0.15，且两市场棕榈油期货表现出明显的单边市特征时，则果断止损出场观望。此时，如果差分值继续走高至突破

0.17（即95%置信上界），则应从基本面、进出口贸易、两市场棕榈油期货各自的持仓情况等方面进行动因分析，判断比价的差分值短期内是否有回落的可能，进而决定重新入场还是放弃交易。

（2）当差分值虽突破0.15，但两市场棕榈油品种处于震荡行情时，则加仓至总资金的30%，并耐心等待差分值回落。

（3）当差分值自0.17以上开始回落时，可考虑在［0.12，0.17］范围内加仓，累计仓位控制在总资金的45%以内。

2. 差分值向下跌破-0.12时，选择在买入N手DCE棕榈油期货的同时卖出0.4N手BMD毛棕榈油期货合约。建仓后：

（1）当差分值持续走低至跌破-0.16，且两市场棕榈油期货表现出明显的单边市特征时，则果断止损出场观望。此时，如果差分值继续走低至跌破-0.19（即95%置信下界），则应从基本面、进出口贸易、两市场棕榈油期货各自的持仓情况等方面进行动因分析，判断比价的差分值短期内是否有回升的可能，进而决定重新入场还是放弃交易。

（2）当差分值虽跌破-0.16，但两市场棕榈油品种处于震荡行情时，则加仓至总资金的30%，并耐心等待差分值回升。

（3）当差分值自-0.19以上开始回升时，可考虑在［-0.19，-0.12］范围内加仓，累计仓位控制在总资金的45%以内。

（二）止盈

当差分值回落至［-0.03，0.03］范围内时，考虑开始逐步减仓；当差分值回落至［-0.01，0.01］范围内时，择机止盈离场。

【案例9-6】

对于集进口与加工一体化的棕榈油的现货A企业来说，因受金融危机影响，自年初以来，现货需求一直处于疲软状态，这在很大程度上压缩了企业的利润空间。面对现货终端市场需求疲软，该企业认为金融危机之后的第一年，全球经济处于缓慢恢复阶段，企业现货经营将异常艰难，而此时，企业闲置着的大量资金需要运作起来。经过对国内DCE棕榈油期货与BMD毛棕榈油期、现货市场深入分析之后，认为进行跨市场套利操作的可行性很大。此企业初始资金为400万元，当时马来西亚与人民币汇率为1林吉特兑

2元人民币，按照同时、反向、等量的原则，兼顾资金管理。企业在买入（或者卖出）DCE 棕榈油期货操作头寸100手同时，要对应的 BMD 毛棕榈油期货则为40手。表9－8列出了2009年6月至9月期间此企业的套利操作过程。

表9－8　　2006年6月至9月历次套利盈亏表

时间	比值差	操作	DCE 棕榈油连续合约	操作	BMD 毛棕榈油连续合约	盈亏（元）
2009年6月22日	0.22	卖	6078	买	2157	294000
2009年6月25日	0.008	买	6142	卖	2336	
2009年7月27日	－0.137	买	5630	卖	2098	104000
2009年7月28日	0.021	卖	5818	买	2140	
2009年8月31日	－0.133	买	6290	卖	2370	128000
2009年9月4日	－0.005	卖	6072	买	2197	

注：BMD 毛棕榈油期货市场盈亏换算：价差 × 汇率 × 1000吨。

通过以上套利交易操作不难看出，BMD 毛棕榈油期货与 DCE 棕榈油期货价格比值理性回归的周期一般不超过5个交易日，之前我们对更长时间段数据的统计结果同样也验证了这一点。由此可见，在毛 BMD 棕榈油期货和 DCE 棕榈油期货之间的跨市场套利交易中，所参与者面临的比价朝单一方向持续扩大或者缩小的风险还是比较低的，完全可以通过跨市场套利交易获取稳定盈利。截至2009年9月4日，从该盈亏情况来看，通过此次跨市场套利操作，该企业获利丰厚，基本达到了最初的目标设想，充分体现了期货市场的套利功能。跨市场套利不仅适合于存在大量闲置资金的现货企业操作，而且也适合相关投资公司、私募资金等机构的操作。

十八、参与棕榈油跨市场套利需要注意哪些问题？

进行跨市场套利时，需要计算出两个市场的合理价差，因为我国的棕榈油主要是从马来西亚、印度尼西亚等国家进口，所以，我国的现货价格势必高于马盘棕榈油价格，而这个价差主要是由运输费、关税、增值税、杂费、汇率变动等因素构成（见表9－9）。一旦价差偏离了这个值，就为投资者进行跨市套利提供了机会。

表 9－9　　马来西亚棕榈油期货价格运抵国内税费项目

马来西亚毛棕榈油期货价	马币/美元	24 度棕榈油的 FOB 价	运费	美元/人民币	进口关税、增值税	杂费
当日期货价	当日外汇价	约 25 美元	约 30 美元	当日外汇价	9%、13%	约 80 元

由于大商所的棕榈油标的物和大马交易所的标的物有所不同。大连商品交易所上市的棕榈油合约为精炼食用 24 度棕榈油，而大马的则为毛棕榈油。因此，在考虑上述因素外，还需计算二者标的物所隐含的价差。毛棕榈油与 24 度精炼棕榈油之间的价差基本上在 20～40 美元的区域内波动。研究跨市套利，还需考虑到马来西亚棕榈油的基差。

棕榈油进口成本价计算：（1）将马来西亚毛棕榈油林吉特报价转换成美元；（2）24 度棕榈油的 FOB 价约 25 美元；（3）运费约为 30 美元；（4）将美元转换成人民币；（5）进口关税 9%，增值税 13%；（6）杂费为 80 元人民币。

综合上述各项，大马棕榈油期货价格换算成国内棕榈油价格的计算公式为：

进口棕榈油理论价格 = ｛（马棕榈油 × 林吉特兑换成美元的汇率）+ FOB 报价 + 运费 +（20 或 40 美元）合约标的物价差｝ × 美元兑换成人民币的汇率 × 1.13 × 1.09 + 80

从上式可以看出，如果以 2009 年 2 月底的相关汇率（林吉特兑换成美元的汇率为 0.271，美元兑换成人民币的汇率 6.839）计算，马来西亚棕榈油以 1900 林吉特/吨的价格运到中国的实际价格应为 5217.55 元/吨。而 2009 年 2 月 26 日的现货价（天津港）为 5200 元/吨，基差为 5200 － 5217.55 = －17.55 元/吨，没有任何套利机会。

进行 DCE 棕榈油期货与 BMD 毛棕榈油期货之间的跨市场套利交易除应严格执行以上基本步骤外，还应注意市场上存在的不可避免的风险。

（一）比价（价差）统计特性稳定性问题

比价（价差）关系只在一定时间和空间内具备相对的稳定性，这种稳定性是建立在一定现实条件下的。一旦这种条件被打破，比如税率、汇率、贸易配额、远洋运输费用、生产工艺水平等外部因素的变化等，将有可能导致比价偏离均值后缺乏“回归性”。比价（价差）研究往往是依据历史的比价关系来作出相应的统计、归纳和分析，这种方法是基于历史可以重复这一前提的。

（二）套利交易中的风险问题

期货套利投资的市场风险主要是指在特定的市场环境下或时间范围内，套利合约价格的异常波动。处在这种市场情形之下的套利交易者如果不能及时采取应对措施，在交易所落实化解市场风险的措施过程中，被冲掉获利的方向的持仓，留下亏损的单向头寸，导致整个套利交易的重大损失的可能性也是真实存在的。

（三）信用风险问题

由于国内禁止未经允许的境外期货交易，目前大多数企业只能采用各种变通形式通过注册地在中国香港或新加坡的小规模代理机构进行外盘操作，这种途径存在一定的信用风险。如有些企业虽与一些国外的正规代理机构签订外盘代理协议，但从法律角度看，这种协议的有效性仍存在疑问。外盘业务的正常开展及资金安全，主要依赖国外代理机构的信誉。又如，有些企业为了规避法律障碍，利用自己在境外拥有的海外关联企业名义，与国外代理机构签订代理协议，然后进行外盘操作。因此，涉及与外盘有关的套利操作，必须注意回避非交易性风险。

（四）时间敞口风险问题

由于内外盘交易时间存在一定差异，很难实现同时下单的操作，不可避免地存在着时间敞口问题，加大了跨市套利的操作性风险。

（五）政策性风险

国内外宏观环境和政策的不同，往往容易导致国内外棕榈油比价发生较长时间的偏离。例如，中国政府采取对大豆、豆油、菜籽油实行的收储托市政策对 DCE 棕榈油期货市场和 BMD 毛棕榈油期货市场的影响程度会有所影响，这往往会导致二者之间的比值出现较长时间的偏离。此外，棕榈油的进出口政策也需要引起投资者的注意。

（六）流动性风险

在进行跨市套利时，由于国内外市场结构不同，主力合约的换月时间和流动性均不尽一致。在进行跨市套利时，如果比价不能在较短的时间内达到预定目标，套利者需进行移仓操作或止损。目前，DCE棕榈油期货市场运行的主力月份为1月、5月、9月，而BMD毛棕榈油期货运行的主力合约为1~12月且每个月换一次主力。

（七）国内外开盘、收盘时间不一致导致的风险

以DCE棕榈油期货与BMD毛棕榈油期货连续合约的收盘价格作为参考，但是在实际操作中，国内外开盘、收盘时间的不一致性，也会影响实际的操作效果。目前，除节假日除外，DCE棕榈油期货交易时间为周一至周五上午09:00~11:30，下午13:30~15:30，而BMD毛棕榈油期货市场具体交易时间为每周一至周五上午10:30~12:30，下午15:00~18:00。

自 测 题

一、单选题

1. 期货套利交易的特点有(　　)。

A. 低风险　　B. 低收益

C. 佣金费用低　　D. 低成本

2. 棕榈油期货可与(　　)进行跨品种套利交易。

A. 豆油期货　　B. 菜籽油期货

C. 玉米期货　　D. 螺纹钢期货

3. 棕榈油期货可与(　　)进行跨市场套利交易。

A. 大马交易所毛棕榈油期货　　B. LME铜期货

C. 芝加哥豆油期货　　D. 郑商所白糖期货

4. 棕榈油期货在走势上与(　　)基本吻合。

A. 豆油期货　　B. 菜籽油期货

C. CBOT豆油期货　　D. 玉米期货

5. 棕榈油期货跨期套利的基本步骤有(　　)。

A. 识别交易机会　　B. 制订交易计划

C. 持有期风险控制　　D. 资金管理

6. 棕榈油跨期套利交易的风险主要表现在(　　)。

A. 政策风险　　B. 市场风险

C. 资金风险　　D. 价格风险

7. 进行棕榈油跨期套利所需要考虑的成本有(　　)。

A. 手续费　　B. 资金占用利息

C. 交割手续费　　D. 仓储费

E. 增值税

二、判断题

1. 套利交易，也叫价差交易，它利用期货市场中不同月份、不同市场、不同商品之间的相对价格差，同时买入和卖出不同种类的期货合约，来获取利润。(　　)

2. 在我国，通常将套利看成是投机的一种，因为一定程度上套利也可以看成是对合约价差关系的一种投机。(　　)

3. 棕榈油期货可与菜籽油期货进行跨品种套利交易。(　　)

4. 在任何交易时间内，投资者均可进行做多棕榈油期货，做空豆油期货，进行套利操作。(　　)

5. 期现套利是指当期货市场与现货市场在价格差距发生不合理变化时，交易者就会在两个市场进行反向套利，利用价差变化获利的行为。(　　)

6. 套利交易不存在任何风险。(　　)

7. 跨期套利是指利用同一交易所的同种商品合约，当远期期货合约与近期期货合约在价差发生不合理变化时，交易者就会在两个合约之间进行反向买卖操作，从而利用价差变化获利的行为。(　　)

参考答案

一、选择题

1. ABD　2. AB　3. AC　4. ABC　5. ABC　6. ABC
7. ABCDE

二、判断题

1. √　2. √　3. √　4. ×　5. √　6. ×　7. √

附　录

附录1

大连商品交易所棕榈油交割质量标准

1　主题内容与适用范围

1.1　本标准规定了用于大连商品交易所交割的棕榈油质量指标。

1.2　本标准适用于大连商品交易所棕榈油期货合约交割标准品。

2　规范性引用文件

下列文件中的条款通过本标准的引用而成为本标准的条款。凡是注日期的引用文件，其随后所有的修改单（不包括勘误的内容）或修订版均不适用于本标准。凡是不注日期的引用文件，其最新版本适用于本标准。

GB/T 15680 – 1995 食用棕榈油

GB 8873 – 88 油脂工业名词术语

3　术语和定义

3.1　符合 GB/T 15680 – 1995 食用棕榈油

3.2　符合 GB 8873 – 88 油脂工业名词术语

4　质量要求

4.1　特征指标

项　　目	质 量 指 标
折光指数（40℃）	1.458～1.460
比重（40℃/25℃水）	0.902～0.909
碘值（gI/100g）≥	56
皂化值（mgKOH/g）	188～207
不皂化物（%）≤	1.0

4.2　质量指标

项　　目	质 量 指 标	
熔点（℃）≤	24	
酸值（mgKOH/g）≤	入库：0.18	出库：0.20
过氧化值（meq/kg）≤	入库：5	出库：10
色泽（罗维朋比色槽 133.4mm）≤	入库：黄 30；红 3.0	出库：黄 35；红 3.5
气味、滋味	具有棕榈油固有的气味、滋味，无异味	
透明度	40℃澄清、透明	
水分及挥发物（%）≤	0.05	
杂质（%）≤	0.05	

4.3　卫生指标：按 GB/T 15680－1995 规定执行。

5　检验方法、检验规则、标签按 GB/T 15680－1995 规定执行。

6　贮存和运输

6.1　贮存

应贮存在低温、干燥、清洁及避光的地方。不得与有害、有毒物品一同存放。

6.2　运输

运输中应注意安全，防止日晒、雨淋、渗漏、污染和标签脱落。散装运输要有专车，保持车辆清洁、卫生。

7　附加说明

本标准由大连商品交易所负责解释。

附录2

大连商品交易所棕榈油指定交割仓库与厂库名录

序号	仓库名称	地址	邮编	联系人	电话	交割专区	与基准交割库升贴水（元/吨）
1	中粮北海粮油工业（天津）有限公司	天津市塘沽区胡北路869号	300454	吴冬	022－66581824 66581858（F） 13821670910	本罐区	100
2	泰州市过船港务有限公司	江苏省泰兴市经济开发区通江西路45号	225404	史红兵	0523－87671292 87671292（F） 13852843398	本罐区	50
3	益江（张家港）粮油工业有限公司	江苏省张家港市金港镇中兴宝岛路1号	215634	许海荣	0512－58388087 58382162（F） 13921963232	本罐区	50
4	张家港江海油脂接运有限公司（已暂停期货交割业务）	江苏省张家港市金港镇西五节桥1号	215634	郝成军	0512－58388138 58388100（F） 13506222513	本罐区	50

续表1

序号	仓库名称	地址	邮编	联系人	电话	交割专区	与基准交割库升贴水（元/吨）
5	仪征益江粮油工业有限公司	江苏省仪征市油港路1号	211900	张海	0514－3299333 3296139（F）	本罐区	50
6	嘉里油脂公共设施（上海）有限公司	上海市浦东新区高东路118号	200137	隋洪波	021－58487618	本罐区	50
7	金光食品（宁波）有限公司	浙江省宁波市北仑区黄河北路1号	315800	张芸	0574－86886932 86886931（F） 13906693639	本罐区	50
8	嘉兴市乍浦东方油脂有限公司	嘉兴市乍浦经济开发区平湖支路南（沪航路361号）	314201	陈德荣	0573－85523001	本罐区	50
9	张家港保税区东方华谷油脂贸易仓储有限责任公司	张家港保税区物流园区中华北路	215634	张平	0512－58387211 0512－58387318（F）	本罐区	50
10	中粮新沙粮油工业（东莞）有限公司	广东省东莞市麻涌镇新沙港后工业区	523147	江浩	0769－88825601－6606 13725419853	本罐区	0
11	中储粮油脂工业东莞有限公司	广东省东莞市麻涌镇新沙港后工业区	523147	杨百齐	0769－88236688－1151 88235516（F）	本罐区	0
12	中粮东洲粮油工业（广州）有限公司	广东省增城市新塘镇东洲湾码头	511340	陈素兰	020－82762119 13928922223	本罐区	0

续表2

序号	仓库名称	地址	邮编	联系人	电话	交割专区	与基准交割库升贴水（元/吨）
13	益海（广州）粮油工业有限公司	广州经济技术开发区东江大道2号	510730	喻平	020－82208122	本罐区	0
14	中储粮镇江粮油有限公司	江苏省镇江市谏壁镇粮山村	212006	陈立新	0511－83355515 83355778（F） 13601150113	本罐区	50
15	中粮东海粮油工业（张家港）有限公司	江苏省张家港市金港镇东海路1号	215634	章海云	0512－58388228 58388235（F）	本库区	50
16	嘉里粮油（天津）有限公司	天津港保税区津滨大道95号	300461	刘富纯	022－66271665 66271187（F） 13752718639	本罐区	100

序号	仓库名称	地址	邮编	联系人	电话	日发货速度（吨·天）	最大注册仓单数量（吨）	与基准交割库升贴水（元/吨）
1	天津龙威粮油工业有限公司	天津港保税区海滨五路136号	300461	杨玉巍	022－25764808 25764182（F） 13820819160	1000	15000	100
2	华东油脂工业（泰兴）有限公司	江苏省泰兴市经济技术开发区沿江路12号	225404	陈根宝	0523－87679332 87679353（F）	600	9000	50
3	仪征方顺粮油工业有限公司	江苏省仪征市油港路3号	211900	文瑞峰	0514－83299628 83299605（F）	800	12000	50

附录3

波浪理论与菲波纳奇数列

艾略特（RaLPH Nelaon Elliot，1871～1948）是波浪理论的创始者，他曾经是专业的会计师，专精于餐馆业与铁路业。由于中年染上重病，艾略特1927年退休，长期休养。就在他休养的康复时期，他发展出自己的股价波浪理论。

1946年，艾略特完成了关于波浪理论的集大成之作《自然法则——宇宙的秘密》。艾略特认为，他的波浪理论是制约人类一切活动的普遍自然法则的一部分。波浪理论的优点是，对即将出现的顶部或底部能提前发出警告信号，而传统的技术分析方法只有事后才能验证。

艾略特认为，不管是股票还是商品价格的波动，都与大自然的潮汐一样，波浪一样，一浪跟着一波；周而复始，具有相当程度的规律性，展现出周期循环的特点；任何波动均有迹有循。因此，投资者可以根据这些规律性的波动预测价格未来的走势，在买卖策略上实施适用。

艾略特波浪理论对市场运作具备了全方位的透视能力，从而有助于解释特定的形态为什么要出现，在何处出现，以及它们为什么具备如此这般的预测意义等等问题。另外，它也有助于我们判明当前的市场在其总体周期结构中所处的地位。

一、艾略特波浪理论的基本原理

波浪理论具有三个重要方面——形态、比例和时间，其重要性依上述次序而递减。所谓形态，指波浪的形态或构造，这是波浪理论最重要的部分。而比例分析是指，通过测算各个波浪之间的相互关系，来确定回撤点和价格目标。最后一方面是时间，各波浪之间在时间上也相互关联，我们可以利用这种关系来验证波浪形态和比例。

艾略特理论主要应用在股价指数，特别是道·琼斯工业股票指数的分析上的。在波浪理论最基本的形式是，股票市场遵循着一种周而复始的节律，先是5浪上涨，随之有3浪下跌。如下图所示的，是一个完整的周期。一个完整的周期包含8浪——5浪上升，3浪下降。在周期的上升阶段，每一浪均以数字编号。1浪、3浪和5浪是上升浪，称为主浪，而2浪和4浪的方向与上升趋势的方向相反，因为2浪和4浪分别是对1浪和3浪的调整，故称之为调整浪。上述五浪完成后，出现了一个三浪形式的调整。这三个波浪分别用字母a、b、c来表示。

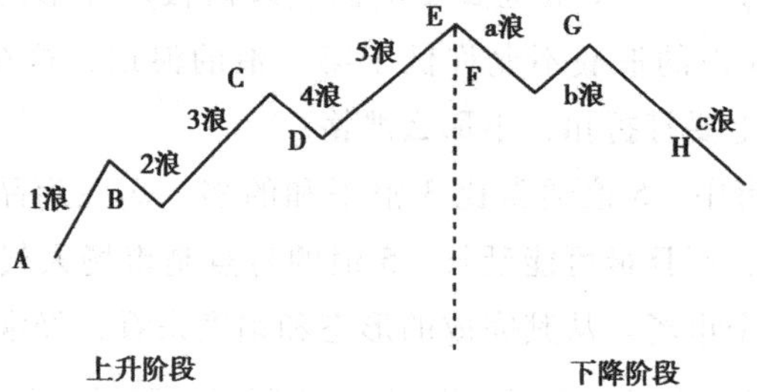

关于各个波浪本身的结构问题，很重要一点就是要考察清楚它们的规模。我们知道，趋势具有很多的规模层次。艾略特把趋势的规模划分成9个层次，上达覆盖200年的超长周期，下至仅仅延续数小时的微小尺度。关键的是我们要记住，不管我们所研究的趋势处于何等规模，其基本的8个浪周期总是不变的。

二、波浪理论各浪的特征

波浪理论在具体运用中，常常会遇到较为难以分辨的市况，发现几个同时可以成立的数浪方式。所以，投资者有必要了解各个波浪的特性。

1浪。在整个波浪循环开始后，一般市场上大多数投资者并不会马上就意识到上升波段已经开始。所以，在实际走势中，大约半数以上的1浪属于修筑底部形态的一部分，通常也是这5个浪中最短的一浪。

2浪。1浪的走出一般产生于空头市场后的末期，市场上的空头气氛以及习惯于空头市场操作的手法未变，因此，跟随着出现的第2浪的下调幅度通常都较大，一般会回撤1浪的全部或大部分涨幅。2浪的特点是成交量逐渐萎缩，波动幅度渐渐变窄，反映出抛盘压力逐渐衰竭，出现传统图形中的转向形态，例如常见的头肩、双底等。

3浪。3浪在绝大多数走势中，属于主升段的一大浪，因此，通常3浪属于最具有爆炸性的一浪。它的最主要的特点是：3浪的运行时间通常会是整个循环浪中的最长的一浪，其上升的空间和幅度亦常常最大；3浪的运行轨迹，大多数都会发展成为一涨再涨的延升浪；在成交量方面，成交量急剧放大，体现出具有上升潜力的量能；在图形上，常常会以势不可挡的跳空缺口向上突破，给人一种突破向上的强烈讯号。

4浪。同2浪一样，4浪也属于巩固整理阶段。在形态上，4浪通常以三角形态进行。4浪的浪底不允许低于第一浪的浪顶，这在股市中是铁律，不过在期货市场上要打折扣，不那么严格。

5浪。在股市中，5浪通常比3浪平和的多，而在商品市场上，5浪常常是最长的一浪，而且最可能延长。5浪的特点是市场人气较为高涨，往往乐观情绪充斥整个市场。从其完成的形态和幅度来看，经常会以失败的形态而告终。

a浪。在上升循环中，a浪的调整是紧随着5浪而产生的，所以，市场上大多数人士会认为市势仍未逆转，毫无防备之心，只看作为一个短暂的调整。

b浪。b浪的上升常常会作为多方的单相思，升势较为情绪化，这主要是市场上大多数人仍未从牛市冲天的市道中醒悟过来，还以为上一个上升尚未结束。从成交量上看，成交稀疏，出现明显的价量背离现象。b浪上冲或许会试探旧的高点（形成双重顶），甚至先越过旧的高点，然后才掉头向下。

c浪。当c浪出现时，上升趋势无疑已宣告结束，c浪通常会跌破a浪的底，形成卖出信号。由于b浪的完成顿使许多市场人士醒悟，一轮多头行情已经结束，期望继续上涨的希望彻底破灭，所以从性质上看，c浪破坏力较强。

三、波浪理论的数学基础——菲波纳奇数列

艾略特在他的《自然法则》中称，波浪理论的数学基础，就是菲波纳奇在13世纪发现的一组数列。该数列后来以其发现者命名，一般称为菲波纳奇数列。在菲波纳奇的名著《计算的书》中，菲波纳奇数列第一次出现，是作为兔子繁殖的数学问题的解答写出来的。这组数列是1，1，2，3，5，8，13，21，34，55，89，144，等等，以至无穷。

这个数列有许多有趣的性质，并不只是在它的数字之间存在连续性关系这一点。

1. 任意两个相邻的数字之和，等于两者之后的那个数字。

例如：1+1=2，1+2=3，2+3=5，3+5=8，5+8=13，8+13=21，13+21=34，21+34=55，34+55=89，55+89=144，……往下依次类推。

2. 除了开始的四个数字外，任意一个数字与相邻的后一个数字之比，均趋向于0.618。例如，1/1=1.00，1/2=0.50，2/3=0.67，3/5=0.60，5/8=0.615，13/21=0.619，往下依次类推。注意，上述比值围绕着0.618上下波动，越往后，波动幅度越小。

3. 任意一个数字与相邻的前一个数字的比值约等于1.618，或者说是0.618的倒数。例如，13/8=1.625，21/13=1.615，34/21=1.619。数字越大，则相应的两种比数分别接近0.618和1.618。

4. 隔一个数字相邻的两个数字的比值趋向于2.618，或者其倒数0.382。例如，13/34=0.382，34/13=2.615。

四、菲波纳奇比数和价格回撤

波浪理论由三个方面构成——波浪形态、比数和时间。上面我们已经讨论了波浪形态。这是三者之中最重要的方面。那么，现在就来谈谈菲波纳奇比数和百分比回撤在其中的应用，这些比例既适用于价格，也适用于时间，只是在前面一方面的应用可能更为可靠。

基本的波浪结构都是按照菲波纳奇数列组织起来的。一个完整的周期包含8个浪。其中，5浪上升，3浪下降——这些都是菲波纳奇数字。再往以

下两个层次细分，分别得到34浪和144浪——它们也是菲波纳奇数字。然而，菲波纳奇数列在波浪理论中的应用，并不只在数浪这一点上，在各浪之间，还有个比例的关系问题。下面列举了一些最常用的菲波纳奇比数：

1. 3个主浪中只有一个浪延长，另外两者的时间和幅度相等。如果5浪延长，那么1浪和3浪大致相等；如果3浪延长，那么1浪和5浪趋于一致。

2. 把1浪乘以1.618，然后，加到2浪的底点上，可以得出3浪起码目标。

3. 把1浪乘以3.236（2×1.618），然后分别加1浪的顶点和底点上，大致就是5浪的最大和最小目标。

4. 如果1浪和3浪大致相等，我们就预期5浪延长。其价格目标的估算方法是，先量出从浪底点到3浪顶点的距离，再乘以1.618，最后，把结果加到4浪的底点上。

5. 在调整浪中，如果它是通常的5—3—5锯形调整，那么c浪常常与a浪长度相等。

6. c浪长度的另一种估算方法是，把a浪的长度乘以0.618，然后从a浪的底点减去所得的积。

7. 在3—3—5平台形调整的情况下，b浪可能达到乃至超过a浪的顶点，那么，b浪长度约等于a浪长度的1.618倍。

8. 在对称三角形中，每个后续浪都约等于前一浪的0.618倍。

五、菲波纳奇百分比回撤

通过百分比回撤，我们可以估算出价格目标。在回撤分析中，最常用的百分比数是61.8%，38%和50%。市场通常按照一定的可预知的百分比例回撤——最熟悉的是33%，50%以及67%。菲波纳奇数列对上述数字稍有调整。在强劲的趋势下，最小回撤在38%上下。而在脆弱的趋势下，最大回撤百分比通常为61.8%。

前面我们说过，在菲波纳奇数列里，除了头四个数字外，菲波纳奇比数趋向于0.618。头三个比数分别是1/1（100%），1/2（50%），以及2/3（67%）。

很多人在学习艾略特理论之前都不清楚，自己所熟知的50%回撤，其实也是一个菲波纳奇比数。三分之二回撤、三分之一回撤也一样，标志着重要的支撑或阻挡区。

六、菲波纳奇时间目标

毫无疑问，菲波纳奇时间关系是存在的，只不过预测这方面关系是较为困难的。菲波纳奇时间目标是通过向未来数数，计算显著的顶和底的位置。在日线图上，分析者从重要的转折点出发，向后数数到第5、第8、第13、第21、第34、第55或者第89个交易日，预期未来的顶或底就出现在这些“菲波纳奇日”上。在周线图、月线图、甚至年线图上，我们都可以应用本技术。在周线日上，分析者按照菲波纳奇数列，向后逐周探求时间目标。时间窗的分析也是应用菲波纳奇数列，寻找时间窗开启、行情发生转折的日子。

七、综合波浪理论的三个方面

理想的情形是波浪形态、比数分析、时间目标三个方面不谋而合。比如说，波浪分析表明第5浪已经完成，并且5浪已经走满了从浪底点到3浪顶点的距离的1.618倍。同时，从本趋势起点（前一个低谷）至今，正好13周，从前一高峰到现在正好34周。那么，我们就很有把握了：市场重要的顶部即将出现。

对股票和期货市场图表的研究结果表明，其中存在很多种菲波纳奇时间关系。然而，问题首先就在于我们有太多的选择余地。我们可以按照由顶到顶、由顶到底、由底到底、由底到顶等多种方式，来计算菲波纳奇时间目标。可惜，我们总是事后才能肯定这些关系。在很多时候，我们不清楚究竟哪种关系适合当前的形势。

参考文献

1. 中国期货业协会：《期货市场教程》，中国财政经济出版社 2007 年版。

2. 胡俞越、李敏：《期货交易实务》，北京出版社 1993 年版。

3. 威廉·格罗斯曼、常清：《期货市场的理论政策与管理》，山东人民出版社 1992 年版。

4. 大连商品交易所：《棕榈油期货投资手册》，2009 年。

5. 大连商品交易所：《棕榈油现货市场研究报告》，2007 年。

6. 大连商品交易所：《棕榈油期货交易手册》，2007 年。

7. 大连商品交易所：《棕榈油期货合约及规则设计说明》，2007 年。

8. 大连商品交易所：《棕榈油期货合约与规则》，2007 年。

9. 约翰·墨菲著，丁圣元译：《期货市场技术分析》，地震出版社 1994 年版。

10. 卡洛·M. 奇波拉：《世界人口经济史》，商务印书馆 1993 年版。

11. 李建新：《中国人口结构问题》，社会科学文献出版社 2009 年版。

12. 第六届国际油脂油料市场高级研讨会（会刊），2008 年。

13. 世界银行：《全球经济展望》。

14. 闫希辉、张好治、张保华："食用油套期保值品种可替代性研究"，《粮食与油脂》，2009 年第 7 期。

15. 闫希辉、王伟娟、郭世鹏："棕榈油跨市场套利的可行性"，《中国证券期货》，2009 年第 10 期。

16. 张娟聪："厄尔尼诺对大豆棕榈油单产的影响"，《大地期货》，2009年第9期。

17. 中国期货业协会：《中国期货市场功能发挥案例汇编》，2009年第10期。

18. 何树红：《金融衍生证券》，云南科技出版社2002年版。

后 记

本书是以期货投资者为主要服务对象而编写的一本普及性读物。同时，针对各类实体企业的经营需求及它们所面临的风险敞口，尤其是套期保值方面的需求，本书也提供了不少值得借鉴的应用型案例。此外，本书在套利方面，也提供了不少值得借鉴的分析方法和实用型案例。因此，本书也可供期货从业人员、企业及套利决策者参考。

本书遵循基础性、通俗性、实用性、规范性原则，力图用通俗易懂的语言和案例说明问题，尽量避免深奥的理论性介绍。针对棕榈油的生产、经营贸易、消费等各个环节的具体情况，本书着重介绍了实体企业如何发挥期货市场的独特功能来规避价格风险、创新经营贸易模式的基本思路和操作原理。同时，本书结合棕榈油行业的特点，从供求关系入手，详细介绍了影响棕榈油期货市场的各方面因素，为投资者提供参考。

需要说明的是，“期市有风险，入市需谨慎”！

本书由于篇幅有限，无法一一尽述相关企业及投资者在期货市场上可能面临的所有具体情况。因此，企业参与套期保值，务必结合自身的经营需求，制定科学合理的交易策略，严格控制交易规模，切忌“以套保之名行投机之实”。同时，普通投资者在决定参与交易之前，应审慎评估自身能力，尽可能熟悉并掌握交易品种的市场运行特点及操作技能，从而规避不必要的风险。

作为《期货投资者教育系列丛书》之一，本书由中国期货业协会组织编写，具体的编写人员通过公开遴选，并经专家评审最终确定下来。

本书由鲁证期货有限公司研究所闫希辉承担编写任务；大连商品交易所李强同志对本书书稿进行了审阅并提出了宝贵建议。本书在编写过程中得到了中国证监会投资者教育办公室、期货二部、中国期货业协会、大连商品交易所、鲁证期货有限公司领导的指导和帮助，在此表示衷心的感谢！书中错误之处，敬请批评指正。

中国期货业协会

《期货投资者教育系列丛书》编委会

2010 年 11 月 12 日